新人から
ベテランまで
一生使える

頭がいい人の仕事が速くなる技術

三木 雄信

すばる舎リンケージ

はじめに

頭がいい人の共通点とは？

みなさんの職場には、「頭がいい人」はいませんか？
ここでいう、「頭がいい人」とは、知識を豊富に持っていたり、勉強ができる人ではありません。
また、学歴があったり、資格をたくさん持っている人でもありません。

仕事は毎日定時に切り上げて、残業もゼロなのに、トップセールスだったり、人の何倍もの成果を挙げている。

いつも涼しい顔をしながら仕事をしているのに、膨大な量のタスクをこなしている。

気づいたら出世していたり、いつの間にか上司や部下に評価されている。お客さんからも信頼されていて、いつもその人が指名される。

そんな人だから、新たな仕事がドンドン降ってきて忙しいはずなのに、そのようなことはみじんも感じさせない。

本書でいう、頭がいい人とは、そんな要領がいい人のことです。

もっと具体的にいうと、**「限られた時間で、最大の結果を出せる人」**のことです。

そして、そんな頭のいい人たちに共通するのが、「仕事が速い」ことです。

私はこれまで、ソフトバンクで孫正義社長のもとで社長室長を務め、独立後に自分の会社を2社と、社外取締役や監査役として7社の会社の経営に携わってきました。

その過程で、3000人以上のビジネスパーソンと、ソフトバンクの孫正義社長をはじめとする一流の経営者300人と一緒に仕事をしてきました。

また、部下1万人の組織をマネジメントしてきました。

そんな数多くの人を見てきた経験から、**仕事ができて、要領がいい「頭がいい人」には、一人として仕事が遅い人はいなかった**のです。


とはいえ、私自身は、もともとは仕事が遅い人でした。

ソフトバンクに入社当時、そのスピード感のすごさに圧倒されたものです。

しかし、孫正義社長に怒られながら、試行錯誤を繰り返して、なんとか、「仕事が速くなる技術」を体得したのです。


本書では、孫社長をはじめ、私がこれまで出会ってきた、頭がいい人たちから学んだ「仕事が速くなる技術」をご紹介していきます。

〝残業ゼロ〟でプライベートも充実

先ほどもお伝えしたように、私は現在、英語教育ビジネスを中心とした、自分の会社を2社経営しています。それとあわせて、7つの企業で社外取締役や監査役を務めており、本の執筆や講演を依頼される機会も多いです。

「そんなにたくさんの仕事を、どうやってこなしているのですか？」

そのような質問をよくいただきます。

でも、ソフトバンク時代に培った「仕事が速くなる技術」を実践しているので、これだけの仕事も無理なくこなせています。

もちろん忙しいことに変わりはありませんが、残業はしません。

ほぼ毎日、17時半の定時になると会社をあとにします。私だけでなく、社員たちも原則として〝残業ゼロ〟を実践しています。

週末もきっちり休みます。

もちろん例外はありますが、基本的には体をしっかり休めてリフレッシュし、次の週に備えています。

このように、**仕事が速くなったことで、プライベートの時間もしっかり確保できるようになりました。**今は帰宅後や休日に妻や子どもたちと会話したり、遊んだりする時間を大切にしています。

仕事が速くなればビジネスで高い成果を出せるのはもちろん、仕事以外の時間も充実します。

せっかく家族や友人と一緒にいるのに、「あの仕事、本当に納期に間に合うだろうか……」と気になって楽しめない、ということもなくなります。

いつもストレスフリーで、気持ちよく過ごせるのです。

まさに仕事の速さは、人生の充実度に比例すると言えるでしょう。

誰でも今すぐにマネできる

「そんなことを言っても、今の三木さんは社長の立場だから、好きなように仕事をコントロールできるんじゃないの？」

そう思う人もいるかもしれません。

でも、思い出してください。

私が「仕事が速くなる技術」を編み出したのは、あの孫社長のもとで働いていたときです。

最初こそスピードに圧倒されたものの、**この技術を身につけてからは、孫社長から飛んでくる仕事に振り回されることもなくなりました。**

むしろ、仕事の段取りやスケジューリングにおいては、部下の私が上司である孫社長をコントロールできるようになったのです。

〝コントロール〟というと語弊があるかもしれませんが、要するに上司に言われるまま、受け身で仕事をするのはやめたということです。

指示が来てから「どうしようかな」と考えていては、どんどん仕事はたまっていくだけ。でも「こういう状況では、こう動く」というベストプラクティス（最善の方法）を常に自分の中に持っていれば、指示を待つまでもなく即座に走り出せます。

「会議の議事録は、翌朝までに作成しろと指示される」とわかっているなら、「会議中は、リアルタイムで議事録をつくる」という習慣をつければいいのです。

すると上司に「今日の議事録を……」と言われた瞬間に、「もうできました！」と提出することができる。そして「仕事は終わったので、お先に失礼します」と、颯爽《さっそう》と帰っていくことができます。

上司から仕事を振られる立場でも、自分で主導権を握ることは可能なのです。

そのため、この本では、すべてを「こう来たら、こう動く」という具体的な〝アクション（行動）〟に落とし込んでお伝えします。

「次に何をやるか」のアクションさえわかれば、仕事は必ず速くなります。逆に、次のアクションがわからないと、仕事は止まってしまうわけです。

アクションベースで語られる方法論は、〝誰でも、今すぐに〟マネできるのが最大のメリット。「もっと頑張れば速くなる」といった精神論で語られるものとは、そこが違います。

私も以前は皆さんと同じく、「仕事が速くなりたい」と願うごく普通のサラリーマンでした。

孫社長が稀代《きだい》のカリスマ経営者だから「仕事が遅い！」と怒られたわけではなく、ソフトバンクに転職する前の会社でも、仕事をため込んで上司によく注意されていたタイプだったのです。

恥ずかしながら、仕事の速さにおいては、決して優等生とは言えませんでした。

そんな私でも、ソフトバンク時代に孫社長をはじめとする世界のトップの仕事をそばで見て学び、その行動をマネたことで、今ではすっかり「仕事が速い人」の仲間入りをできたのではないかと思っています。

仕事が速くなるのに必要なのは、〝能力〟ではなく〝技術〟です。

そして技術は、学べば誰もが身につけることができます。

新人や若手でも、管理職でも、経営者でも、やるべきことの本質は同じです。

この本で紹介する「仕事が速くなる技術」は、すべてのビジネスパーソンに役立つものと確信しています。

今は悩んでいる人も、きっと変わることができる。仕事を速くすることで、公私ともに充実し、人生を豊かで幸せなものにできる。

ぜひ、そう信じてページをめくっていただきたいと思います。

この本が一人でも多くの方のお役に立てれば、著者として、これほど嬉しいことはありません。

三木 雄信

頭がいい人の 仕事が速くなる技術 もくじ

はじめに 3

第1章■仕事が速くなれば、すべてがうまくいく

01 仕事が遅い人の7つの悪癖
仕事が遅い人には理由がある 22

02 仕事が遅い人がたどる末路
すべてが悪いスパイラルに陥ってしまう 34

03 仕事が速い人は、仕事も人生もうまくいく 40
仕事が速くなれば、すべてが良い循環で回る

第2章 仕事が速くなる4つの心得

04 仕事が速い人は、「止めない、ためない、抱え込まない」 50
いつも手元に仕事がない状態を保つ

05 仕事が速い人は、「10秒以内に行動」する 55
10秒以上考えるのは時間のムダ

06 仕事が速い人は、すべての仕事に「締め切り」を決める 61
締め切りが集中力を最大限に高める

07 仕事が速い人は、「他人の力を借りる」のが上手い 64
使えるものは全部使う

08 誰でも「仕事が速い人」になれる 68
スキルを身につければ、仕事のスピードは格段に上がる

第3章 仕事が速くなる10のダンドリ

09 何があっても「残業しない」と決める 72
残業の時間帯は、最も効率が低い

10 早めに決めて、早めに始める 77
早い段階で決めないと、なかなか動き出せない

11 **スタートダッシュの力を利用する** 85
動き始めのスピードに乗れば、仕事は一気に片づく

12 **まずは、全体像を把握する** 89
「何から着手すべきか」がわからないと、仕事は始まらない

13 **アウトプットイメージを共有する** 93
仕事は、上司やクライアントへの〝サービス〟

14 **必要な「情報」と「権限」を揃える** 97
意思決定できるだけの情報と権限が揃わないと、仕事が止まる

15 **仕事を小さく分ける** 102
仕事の単位を小さくすれば、短期集中できる

16 **仕事を「構造化」する** 107
構造化すれば、問題解決がスピードアップする

17 主導権を握る
上司の先手を打てば、残業は発生しない 114

18 期待値をコントロールする
仕事の速さは、人との関係で決まる 120

第4章 頭がいい人の 仕事が速くなる技術

19 一度アウトプットしてみる
完璧でなくていいので、形にしてみる 128

20 まずは80%を目指す
成果の8割は、2割の仕事で決まる 132

21 人と話しながら考える
高速で頭の中が整理できる方法 136

22 短時間で大量にアイデアを生み出すには?
既存のものを掛け算する 140

23 プレゼン資料や企画書を最短でつくる秘策
「1泊2日法」で速さと品質が両立できる 145

24 上司が一発で納得する資料をつくるには?
上司の欲しい情報がわかる魔法のフレームワーク 148

25 「A4」1枚のメモで、頭の回転は一気に速くなる
紙にまとめるものはすべてA4でつくる 154

26 問題解決のスピードが上がる「ふせん活用術」
ふせんに書けば素早く思考を整理できる 159

第5章 ■ 仕事が速い人のコミュニケーションはココが違う

27 仕事が速い人は、電話をうまく活用する 164
電話は仕事を瞬殺する最強のツール

28 それでもメールが必要な人の高速メール術 168
大量のメールを短時間で片づける秘策

29 週1のミーティングで仕事は高速化する 173
毎週集まれば、各自が締め切りを設定できる

30 議論を数字で行えば、行動が加速する 177
数値化すれば、優先順位がハッキリする

31 アウトプットは体言止めで
人を動かすとっておきのテクニック 181

32 10秒でOKが出る報告の技術
結論が先なら、長い説明は必要ない 185

33 説明するときは理由を3つ考える
根拠を3つ示せば、相手はすぐに納得する 189

第6章 情報収集のスピードが速くなれば、仕事はグンと加速する

34 情報収集のスピードが遅い人は、仕事も絶望的に遅い
情報を速く集めれば、スタートダッシュが切れる 194

35
上質な情報を一気に集める秘策
とびきり新鮮な情報は人からしか来ない
198

36
超高速スピードで本1冊をモノにするには?
紙の本なら、目当ての情報だけを即座にインプットできる
204

37
新聞・雑誌で、高速インプットする技法
大量の情報に触れ、「相場観」を養う
208

38
なぜ私は、1年で英語をマスターできたのか?
1日3時間の勉強も、「1年間」の期限つきなら頑張れる
213

39
高速学習を可能にする秘訣
スキマ時間を駆使し、勉強を習慣化する
220

第1章

仕事が速くなれば、すべてがうまくいく

01

仕事が遅い人の7つの悪癖

仕事が遅い人には理由がある

仕事が速くなりたいと思っているのに、現実にはやるべきことがどんどん目の前にたまっていく……。

そんな〝仕事が遅い人〟には、いくつかの特徴があります。

完璧主義である

上司に企画の提案や資料の作成を頼まれたのに、いつまで経っても提出しない人がいます。

これは「もっと良いアイデアがあるかもしれない」と延々と考え続けてしまう完璧主義タイプの人によく見られる傾向です。

さらにこのタイプの人は、仕事を頼んだ側の期待値を確認せず、「自分が納得できるかどうか」をゴールに設定してしまいます。

上司は「ワードでざっくりと要点をまとめた資料をつくってくれればいい」と考えているのに、頼まれた部下はパワーポイントを駆使し、手の込んだ資料をつくって満足している。そんなケースは、どのオフィスでもよく見られます。

もちろん本人は「ベストを尽くしたい」という前向きな気持ちで取り組んでいるのでしょう。決して悪気があるわけではないことは、よく理解しています。

しかし、**相手が期待していないレベルまでつくり込めば、よけいな時間がかかり、結果的に納期が遅れてしまいます。**

しかも独自に決めたゴールを目指してつくったものなので、アウトプットも相手の求めるものとはズレています。

完璧主義タイプは、仕事の速さと質の両方において、失敗してしまうかもしれないのです。

考える時間が長く、結論を先延ばしにする

セミナーに使う会場の手配を任されたものの、どの場所にするか、なかなか決められない。料金や広さ、立地など、さまざまな条件を比較検討してベストな会場を選ぼうとあれこれ考えるうちに、セミナーの期日がだんだんと迫ってくる……。

似たような経験をしたことは、誰にでもあるのではないでしょうか。

考える時間が長ければ長いほど、結論は先延ばしになります。結論が出せなければ、「予約の電話をかける」といった次の行動に移るのも遅くなります。

こうなれば、仕事は遅くなる一方です。

さらに恐ろしいのは、結論を先延ばしにするうちに、選択肢がどんどん少なくなる

ことです。

ようやく結論を出した頃には、目当ての会場はすでに予約でいっぱいだった……ということはじゅうぶんにあり得ます。

それどころか、慌てて第二候補、第三候補にも連絡をしたがやっぱりダメだった、ということも出てくるでしょう。

考え続けて結論を先延ばしにするうちに、**選択肢がゼロになる可能性**さえあります。

「セミナーの会場はどこも予約できませんでした」

そんな報告をすることになるかもしれません。

「仕事が遅い上に、成果なし」という最悪の事態を招きかねないのです。

自分一人で全部やろうとする

仕事でわからないことがあるのに、周囲の人に質問や相談をせず、何でも自分一人でやろうとする人がいます。

きっと責任感が強く、真面目な人なのでしょう。「他の人に迷惑をかけてはいけない」という気持ちもあるのだと思います。

しかし、わからないことをいくら考えても、残念ながら天からひらめきは降ってきません。孤軍奮闘すればするほど、目の前の仕事はいっこうに片づかず、机の上に仕事がどんどん積み上がっていくことになります。

こうして仕事が止まってしまうのは、その人に**「情報」や「権限」が足りていないから**です。

問題を解決するのに必要な情報を誰かに聞きに行くか、どうすべきかを判断できるだけの権限を持つ人に相談するか、どちらかの方法しかありません。

他人の力を借りない限り、わからないことをいくら自分一人で考えても、答えは出ないでしょう。

また、「自分でやったほうが速い」と考え、仕事を一人で抱え込んでしまうタイプも要注意です。

どんなに優秀で作業の速い人でも、自分でできることには限界があります。

頑張ったものの一人ではどうにもならず、締め切り間際になって、部下や同僚に仕事を振ることも多くなるでしょう。

しかし、ギリギリになって仕事を頼まれるほうは、どう思うでしょうか。

「こんな間際に言われても、困るんだけど……」

きっとこれが本音でしょう。

場合によっては、チーム全員が残業を強いられることも出てくるはずです。

「自分でやったほうが速い」と考える人ほど、結局はチームの仕事を遅くする原因をつくってしまうのです。

二度手間やムダが多い

メールを読んでも、すぐに返信しない人がいます。

「よく考えてから返事をしよう」と思っているようですが、あとでまた同じメールの文面を読み直すのは二度手間です。

しかも、いったん別の作業をした後だと、頭を切り替えるのにも時間がかかります。「あとでいいや」と考えるクセのある人は、**本来なら一度で終わる仕事を、二度三度と繰り返している**のです。

会議中に議事録用のメモをとったのに、実際に作成するのを後回しにする。

知りたいことがあって本を読んだのに、企画書や提案書としてアウトプットするのを後回しにする。

このような場合も同じです。

後回しにして時間が経つうちに、一度頭に入れた情報を忘れてしまい、結局は同じメモや本を読み返すことになります。

すぐやった場合に比べて、2倍や3倍の手間と時間がかかるのです。

遅刻グセ・ギリギリグセがある

待ち合わせの時間にいつも遅刻する、あるいはギリギリに到着する人がいます。

こういう人は、たいてい仕事の納期も遅れがちです。

なぜなら、「いつまでに何をやるべきか」という時間の感覚が、世間とズレているからです。

遅刻しないためには、あと10分早く家を出ればいいだけです。

それができないのは、**締め切りから逆算し、自分の行動にかかる時間を計算して、スケジュールや段取りを組むという基本ができていない**ということでしょう。

また、一度や二度ではなく、いつも遅刻する常習犯は、「遅刻したら他の人に迷惑がかかるかもしれない」と考えるだけの想像力にも欠けています。

だから仕事でも、自分が担当する作業が遅れたところで気にしません。

自分が締め切りを守らなかったことで、チーム全体の作業が後ろ倒しになり、他のメンバーが締め切り直前まで徹夜で作業することになってしまう。そう考えるだけの想像力が足りていないのです。

遅刻グセやギリギリグセがある人は、仕事のスピードにおいて、チームの足を引っ張る存在になってしまう。厳しい言い方かもしれませんが、そう考えざるを得ないのではないでしょうか。

メールの時間が長い

仕事の連絡でほとんど電話を使わず、何でもメールで済ます人が増えています。込み入ったやりとりが必要な内容もメールで連絡しようとするので、ずっとパソコンの前に座って長文を書き続けます。

それだけでも時間がかかるのに、相手からメールが返ってくるまでのタイムラグもあります。

電話で直接話せば30秒で済む話も、メールの場合は1日や2日がかりになることも珍しくありません。

その結果、コミュニケーションによけいな時間と手間がかかってしまうのです。

理由を聞いてみると、「相手が取り込み中だと悪い」という気遣いから電話を避ける人が多いようです。

メールに頼るタイプは、良く言えば優しい人なのでしょう。

しかし裏を返せば、気が弱い人だと言うこともできます。

もちろん、「相手に配慮している」というのも本心なのだと思います。

しかし一方で、「言いにくいことは直接話したくない」「こんなことをお願いしたら怒られそうだから、とりあえずメールで様子を見てみよう」という気持ちもどこかにあるのではないでしょうか。

その気の弱さがメールの処理にかかる時間をどんどん長くし、仕事が遅くなる原因をつくってしまうのです。

仕事の全体像を把握していない

プロジェクトを任されたのに、なかなかキックオフできない人がいます。スタートからつまずいてしまうのは、仕事の全体像を掴《つか》めていないことが原因です。何でも自分一人で考えようとする人は、自分が見ている範囲のことしか把握できません。

そのため、どこに何の課題があり、誰にどの作業を割り振るべきかがわからないため、動き出すのがどんどん遅くなるのです。

かといって、**全体像を掴めないまま、見切り発車でプロジェクトを進めてしまうのも危険です。**

新サービスの導入を任されたので、企画部のメンバー中心で進めていたら、途中で財務部から予算についてクレームが入った。あるいは、コンプライアンス部から「サービスの内容に法的な問題がある」としてストップがかかった。

こうして止まってしまったプロジェクトが、あなたの会社にもあるのではありませんか?

そうなれば、プロジェクトはいちからやり直し。それまでにかかった時間は、すべてムダになります。

最初の時点でプロジェクトに関わる人たちを全員集めて、「課題やタスクを皆で出し合おう」と言えば、大まかな全体像は掴めたでしょう。

それを怠ったために、ゴール達成までの時間が何倍にも増えてしまったのです。

いかがでしょうか。

もしかしたら、あなたもいくつか心当たりがあるかもしれません。

でも大丈夫。私もかつては、その一人でした。

「仕事が速くなりたい」という意志さえあれば、誰でも必ず変われます。

そのことを、ここでお約束しておきましょう。

02

仕事が遅い人がたどる末路

すべてが悪いスパイラルに陥ってしまう

「確かに自分は仕事が速いほうではないかもしれない。でも頑張って残業すれば、何とかやっていけるから大丈夫だろう」

そう考える人もいるかもしれません。

しかし、仕事が遅いということは、単なる仕事のやり方の問題に留まりません。

あなたの**人生そのものに影響するような、多大なデメリットをもたらす危険性があるの**です。

「そんな大げさな」とお思いでしょうか？

しかし残念ながら、これは歴然とした事実です。

速さ＝品質

仕事が遅い人は、周囲が期待する成果を出せません。

「良い仕事をする」というと、品質ばかりに目を向けがちです。

しかし実際は、速さの期待値を満たしてこそ、「あの人は成果を出した」と評価されるのです。

いくら時間をかけて、ていねいな仕事をしても、頼んだ側に「こんなに手の込んだ資料をつくるくらいなら、最低限の情報が入った簡潔なメモでいいから、昨日のうちに提出してくれたほうがありがたかったのに」と思われたら、あなたは「成果の出せない人」という評価を下されます。

「仕事の品質を高めるには、多少時間がかかっても仕方ない」と考える人がいますが、それは大きな勘違いです。

仕事を頼む側にとっては、**「納期に遅れた仕事＝品質の悪い仕事」**でしかありません。

「速さ」と「品質」は決してトレードオフではない。

「速さは品質の一部」なのです。

仕事の遅い人は、信頼を失う

そして周囲の期待する成果を出せなければ、あなたは信頼を失うことになります。

仕事を頼むたびに期待を裏切られるようでは、周囲も「この人に頼むのはリスクが高い」と判断して当然です。

少なくとも、重要なプロジェクトや規模の大きいビジネスを任せたいとは思わないでしょう。

それはつまり、「リーダーとしての資質に欠ける」と烙印《らくいん》を押されたも同然。長く働いてもポジションは上がらず、同期や後輩にどんどん遅れをとることになります。

そうなれば、出世はできませんし、年収も上がりません。

それどころか、会社が事業規模の縮小や人員のリストラをすることになった場合、真っ先にその対象になってしまう可能性が高まります。

最悪の場合は、職を失うことにもなりかねないのです。

仕事の遅さは、プライベートにまで悪影響を及ぼす

仕事が遅いと、あなたのメンタルにも悪影響を及ぼします。

机の上に山積みになっていく仕事を見るだけで、憂鬱な気分になるもの。しかも、会社を出たからといって暗い気分が晴れるわけではありません。

家に帰って、お酒を飲んだり、テレビを見たりしている間も、やり残した仕事が気になって全然楽しく感じられない。布団に入ってからも、「あの仕事、ちゃんと納期

に間に合うだろうか」とモヤモヤして眠れない……。

仕事が遅い人は、そんなつらい日々を過ごすことになるのです。

常に片づかない仕事を抱えている人は、不良債権を背負っているようなものです。カードローンの支払いが心配で、何をしても心から楽しめないし、気が晴れないのとまったく同じです。

それでなくても、仕事が遅いと「あの資料、まだなのか?」「どうしてもっと早くやらなかったんだ!」と他人に怒られる場面が増えるので、ストレスは増大するばかり。仕事をすればするほど、精神的な疲労が蓄積されていくことになります。

「残業すれば何とかなる」という考え方も危険です。

毎日残業続きで、いつ会社を出られるかわからない。そんな状態では、自分の時間を持つことができません。

「友達と会う約束をしていたのに、急な残業で行けなくなった」

「家族と旅行する予定だったのに、休日出勤をしなくてはいけなくなった」

そんなことが続けば、あなたは友人や家族からの信頼まで失ってしまいます。

あなたが20代であれば、残業しても構わないでしょう。

むしろ個人的には、若いうちは残業してでも大量の仕事をこなし、「締め切りまでにアウトプットを出す」という訓練を積むべきだと考えています。

それによって、「これくらいの速さで、これくらいの品質の仕事をすれば、周囲が期待する成果が出せる」という仕事の相場観を掴めるからです。

ただし、30代や40代になっても、残業続きの毎日を送っているなら問題です。

家庭を持つ年代になっても、プライベートな時間をまったくつくれないようでは、家族を幸せにすることはできないでしょう。

子どもができても、会話をする時間もなく、見るのはいつも寝顔だけ。せっかく家庭を持ったのに、そんな寂しい人生を送ることになってしまいます。

このように、仕事が遅いことは、公私に渡ってデメリットをもたらします。

仕事が遅いことが原因で、すべてが悪いスパイラルに陥ってしまうのです。

03

仕事が速い人は、仕事も人生もうまくいく

仕事が速くなれば、すべてが良い循環で回る

仕事が遅い人は、すべてが悪循環に陥ってしまう。そのことが、よくおわかりいただけたのではないでしょうか。

いま現在、目の前に仕事が山積みになっている人にとっては、少々暗い話に聞こえたかもしれません。

でも、こう考えてみてください。

これは裏を返せば、**「仕事が速い人は、すべてが良い循環で回っていく」**ということなのです。

「はじめに」でお話しした通り、私もかつては「仕事が遅い人」でした。

しかし、仕事が速くなる技術を身につけたことで、公私ともにさまざまなメリットが得られるようになったのです。

高い成果を出せる

仕事が速くなると、すぐ実感するのが「仕事で高い成果を出せる」という事実です。先ほども言ったように、速さは品質の一部です。ですから、仕事が速いほど、品質もアップします。

たとえば会議の議事録も、その場でつくれば正確です。

会議が終わってからつくろうとすると、内容を思い出すのに時間がかかるし、記憶が曖昧になって抜けや漏れが発生します。

ホワイトボードやプロジェクターを活用し、会議と同時進行で議事録をつくっていけば、参加者全員がそれを見ながら議論の内容を共有できます。最後に文字になったものを見れば、「今日の結論はこれでよろしいですね」と確認もしやすいでしょう。

このように、議事録をその場ですぐつくることによって、会議の生産性は格段にアップします。

速さによって、仕事のクオリティも格段に高まるのです。

部下や上司に信頼され、良いスパイラルに

仕事が速くなり、品質も高まれば、当然ながら周囲からは信頼されます。

常に納期や品質で相手の期待値をクリアしていれば、上司やクライアントから「この人なら安心して任せられる」と思ってもらえます。

大きなプロジェクトのリーダーに抜擢されるといったチャンスも巡ってくるはずです。

仕事が速い人は、部下からも信頼されます。

自分一人でギリギリまで仕事を抱え込んだ挙げ句、締め切り間際になって仕事を部下に放り投げる。そんな上司は、部下に嫌われても仕方ありません。

逆に、**早めに仕事の全体像を把握し、誰にどの仕事を振るか決めて、余裕を持って仕事を依頼する上司であれば、誰でも「この人についていきたい」と思う**でしょう。

部下たちは常に、「勝てる上司につきたい」と考えています。

「あの人がプロジェクトマネジャーになると、段取りよく仕事が進んで、自分たちもムダな仕事や残業をしなくていい。納期もきちんと守れるので、クライアントや経営層からも評価される」

そんな上司のもとには、優秀な人材がみずから進んで集まってくるので、チーム全体の仕事の速さや品質はますますアップします。

その結果、会社や顧客からの信頼もさらに高まって、良いスパイラルが生まれるのです。

こうして常に高い成果を出せるようになれば、昇進や昇給にもつながります。

仕事が速い人は、それに見合ったリターンを得られるのです。

年収も市場価値も高まる

会社で実績を積み、年収が上がれば、人材としての市場価値も上がります。

将来転職を考えるときが来ても、良い条件で新しい職場に移れるでしょう。

「もしリストラされたら……」といった不安を抱くこともなくなり、ビジネスパーソンとしての自信を持って、前向きに仕事に取り組めるようになります。

メンタルに与える良い影響は、それだけではありません。

仕事を速く片づけ、「今日やるべきことは、すべてやった！」と思えれば、これほど気分がスッキリすることはありません。

やり残しが何もない状態で毎日会社を後にできれば、家に帰ってから飲むお酒もおいしいし、夜もぐっすり眠れます。

仕事が速い人は、ストレスに悩まされることもなく、心身ともに元気で健康に過ごせるのです。

仕事が速くなり、残業がゼロになれば、プライベートの時間も自由に使えます。

ビジネスパーソンとしての自分を磨くため、勉強する時間も確保できます。

勉強会やセミナーに参加したり、英語の学習をしたり、読書をしたりすることで、普段の仕事だけでは得られない知識やスキルが身につくでしょう。

勉強会や英会話スクールなどに通って、社外の人と交流する機会が増えれば、人脈も広がります。

趣味やスポーツに打ち込むのもよいと思います。こうした経験や学びは、人間としての幅を広げ、その人の魅力を高めてくれます。

家族や友人との時間が、人生を豊かにしてくれる

ちなみに付け加えると、仕事が速い人は段取りがいいので、モテるようになります。デートや旅行をするときも、相手が期待する品質をきちんと把握し、それをクリアするためのお店や行き先を選び、スケジュールを組むことができる。これなら必ず相手に喜ばれます。

仕事を速くするノウハウは、公私問わずどんな場面でも役立つのです。

そして何より、家族や友人と過ごす時間が増えることは、あなたの人生を豊かにしてくれるでしょう。

「はじめに」でもお話ししたように、今では私も毎日夕方5時半には退社して、2人の子どもたちや妻との時間を大切にしています。

厳しいビジネスの世界で思う存分戦えるのは、家族や仲間の支えと信頼があってこ

そ。私自身がそれを強く実感しています。

仕事が速い人は、仕事もプライベートも充実し、人生が良い方向へと回っていくのです。

仕事が速い人は、人生をコントロールできる

いかがでしょうか。

仕事が速い人になれば、これだけのメリットがあるのです。

仕事が速い人になると、仕事の進め方や時間の使い方も、自由に決めることができます。

仕事をすぐに処理し、常に余裕を持っていれば、上司に急な仕事を振られてもすぐに対応できます。

仕事の段取りをうまく組めば、「締め切り直前に仕事量のピークを迎えてしまい、

連日残業になってしまった」といった事態に陥ることもないでしょう。

つまり**仕事が速い人は、他人に振り回されず、自分が主導権を握れる**のです。

あなたはこのまま、他人に振り回される人生を送りたいですか?

それとも、自分の人生は自分で決めたいと思うでしょうか。

もし後者であれば、ぜひ次の章へと進んでください。

私がソフトバンク時代に孫社長のもとで身につけ、今の会社を起業してからも実践し続けている「仕事が速くなる技術」をご紹介します。

仕事が速い人たちがひと足先に得ている多くのメリットを、ぜひあなたも手にしてください。

第2章

仕事が速くなる4つの心得

04

仕事が速い人は、「止めない、ためない、抱え込まない」

いつも手元に仕事がない状態を保つ

そもそも「仕事が速い人」とは、どういう人のことなのでしょうか。

それはひと言で言えば、**「次の行動に移るのが速い人」**のことです。


仕事が遅い人は、次にどんな行動をすべきかがなかなか決められません。

本人は仕事をしているつもりでも、実際にはパソコンの画面を眺めながら「どうしようかなあ」とぼんやり考えている時間が長いのです。

しかしそれは、仕事をしていないのも同然。ビジネスにおいては、アウトプットを出して初めて「仕事をした」と言えるのです。

いくら頭をひねって企画のアイデアを考えても、それだけでは目の前にある仕事量はまったく減りません。

アイデアを企画書としてアウトプットして、ようやくタスクを一つ減らすことができる。つまり、具体的な行動に移さない限り、仕事は山積みになっていく一方です。

ですので、いかに実際の行動へ移すスピードを上げていくかが、仕事が速くなるカギになります。

そのためにはまず、仕事に取り組む際のマインドを切り替えましょう。

合い言葉は「仕事を止めない、ためない、抱え込まない」です。

手元の仕事がゼロなら、すぐ次に取りかかれる

すぐに行動しないと、仕事がストップして、どんどんたまっていき、一人で大量の

仕事を抱え込むことになります。

いわば仕事の渋滞が発生しているようなものです。

たとえば、あなたが銀行の窓口に行ったとします。

すでに10人のお客さんが待っていて、あなたは11人目でした。

この窓口の担当者は、一人のお客さんに対応するのに6分かかります。ということは、11人目に順番が回ってくるまで、60分の待ち時間になります。

そのまま順調に待つ人の数が減ればいいのですが、実際には次から次へと新しいお客さんがやって来ます。だから、待つ人の行列はいっこうに短くなりません。

11人目に並んだ人は、結局いつも60分待たされるわけです。

でも、待っている人の数をいったんゼロにできたら、どうなるでしょうか。

お客さんの待ち時間もゼロ。窓口で用事を済ませるまで、6分しかかかりません。

窓口の担当者の仕事の速さそのものは、どちらも「一人あたり6分」で変わっていません。

それでも、待っている人の数がゼロなら、お客さんが用事を済ませるまでの時間が圧倒的に短くなるのです。

最速で仕事をするには、「仕事の行列」を解消せよ

この「待つ人の行列」の人数を、会社の仕事に置き換えてみてください。

いつも仕事をたくさんためている人は、新しい仕事を頼まれても、それを終わらせるまでに時間がかかります。

作業そのものには1時間しかかからない資料も、実際にできあがるのは1日や2日経ってから、ということになりかねません。

一方、仕事が速い人は、**「手元にある仕事はすべて今日中にやる」と決め、仕事をいったんゼロにします。**

その結果、翌朝出社して上司から資料づくりを頼まれても、すぐ作業に取りかかれるので、1時間で完成させます。そうすればまた手元の仕事はゼロになるので、次に

来た仕事も最短の時間で片づけることができます。常に最速で仕事をすることが可能になるのです。

それを実現するには、まずは、目の前のタスクをどんどん減らすことです。

そのためには、次項で紹介する「10秒以内にすぐやる」ことが効果的です。

05

仕事が速い人は、「10秒以内に行動」する

10秒以上考えるのは時間のムダ

「10秒以上考えるな！」

これは孫社長の口ぐせです。

ソフトバンクの社員は会議のたびに耳にしていますし、私も繰り返し言われました。

10秒考えてもわからないことは、それ以上自分一人で考えても答えは出ない。

そのことを孫社長はよく理解しているのだと思います。

だから**10秒考えてもわからなければ、すぐ行動に移ります。**答えを知っていそうな人に話を聞いたり、幹部たちと議論したりするのです。

とにかく10秒以内に、すぐ行動する。これが仕事を止めないための鉄則です。

「いくら何でも、10秒は短すぎるのでは？」

そう思う人もいるでしょう。

しかし、10秒以上考えても、良いアイデアは生まれません。これは、脳科学でも裏付けられています。

人間が行動しながら何かを記憶することを、「ワーキングメモリ」と呼びます。

このワーキングメモリは極めて短期的なもので、一度に覚えられることは多くても5つから7つ。時間にして、せいぜい10秒程度しか記憶できないと言われています。

ですので、新しい情報が入ってくるたびに、古い記憶はどんどん忘れてしまいます。

皆さんも、一度にいくつもの質問をされて、一つに答えているうちに他の質問を忘れてしまった、という経験はないでしょうか。あるいは買い物に行ったのに、セール品に気を取られてあれこれ見て回るうちに、肝心の目当ての品を買わずに帰ってきてしまった、ということはありませんか？

こうして次から次へと忘れていくのが、ワーキングメモリの特徴です。

いわば脳の中に「10秒間しかモノが置けない」という制限付きの作業台があるよう

なもの。そこに考えごとを置いては、次々に忘れていくわけです。

「今日中に広告をどの代理店に発注するか決めなくちゃいけないな。Ａ社はデザイン力はあったけど、担当者が感じ悪かったなあ。そういえばＢ社の担当者は遅刻してきたな。企画も面白くなかったし……。Ｃ社は担当者が若くて派手な人ばかりで、にぎやかだったな。……それで、何を決めるんだったかな？」

結局こんな感じで頭の中は堂々巡り。本人は考えているつもりでも、まったくの時間のムダ使いになってしまいます。

人間の能力には限界がある

認知心理学の世界には「マジックナンバー７」という言葉があります。

これは「人間が短期的に記憶できる容量は７個程度」という法則です。

たとえば、机の上にコインをばらまいたとき、人が一瞬で数を認識できるのは７枚程度ということになります。

経営学でも、一人の上司が管理できる部下は5人から7人までとする「スパン・オブ・コントロール」の理論があります。

こうした事実を見ても、「人間の能力には絶対的な限界がある」ということがよくわかります。

もちろん、孫社長だって同じです。

天才的経営者であるのは間違いありませんが、何でもできるスーパーマンではないのです。

「10秒以上考えるな」という言葉は、**「できないことは、できない」と知っているから**こそ出てくるのでしょう。

行動すれば、意思決定のスピードが速くなる

仕事が速い人は、10秒以内に「行動」します。

たとえば、接待に使う店を決めなくてはいけないとします。

自分の頭で考えても、思いつくのは今まで使ったことのある2軒か3軒だけ。しかも、どの店も今回接待する相手には合わない気がする……。

はい、ここでもう10秒経ちました。

ここでやるべきは、**考え続けることではなく、行動に切り替えること**です。

考えてもそれ以上の情報が自然に湧いてくるはずがありませんから、さっさとパソコンに向かって「接待　赤坂　中華」などと検索し、口コミをチェックして、下見をするため、評価の高い何軒かの店に電話で予約を入れましょう。

これであっという間に、仕事は前へ進みました。あとは実際に店を見て比較すれば、すぐに接待で使う店を決められます。

だらだらと考えず、すぐ行動に移すことで、結果的に決断までのスピードがアップする。思考を続けるより、意思決定のスピードが速くなるのです。

10秒考えてもわからないことは、それ以上考えても何も変わらない。でも行動を起こせば、必ず何らかの新しい情報が入ってきます。

つまり、**行動すればフィードバックが得られる**ということです。

孫社長が天才的経営者と言われるのは、この「行動→フィードバックによる情報収集→意思決定」のサイクルを非常に高度なレベルで大規模に回しているからです。

各分野でトップクラスの人材を集めて意見を聞いたり、議論したりしてハイレベルな情報を引き出し、多額の予算を注ぎ込んで思いきったアクションを起こす。これはもちろん、孫社長が強大な権限を持っているからできることです。

しかし規模やレベルは違っても、私を含めて一般のビジネスパーソンがやるべきことは同じです。

考えるより、まず行動する。

それが誰にとっても、仕事が速くなるための基本ルールです。

06

仕事が速い人は、すべての仕事に「締め切り」を決める

締め切りが集中力を最大限に高める

仕事が速い人は、どんな仕事にも必ず締め切りを決めています。

もし、納期のあいまいな仕事があったら、自分から締め切りを決めるのです。

ここで重要なのは、**仕事を小さな単位に分け、細かく締め切りを設定すること**です。

自分で決めなくても、上司や顧客から依頼された仕事は、納期があらかじめ決められています。

しかしそれはあくまで、「最終のデッドライン」に過ぎません。

「プレゼン用のスライドを明日中につくらなくてはいけない」という納期を与えら

れたら、その作業を細分化し、どれをいつまでにやるかを決めなければ、本当に明日中に間に合うかどうかの見通しが立ちません。

たとえば私の場合、1枚のスライドにつき3分のペースで話すので、1時間のプレゼンであれば20枚のスライドが必要になります。

これまでの経験から、5分あれば1枚のスライドをつくれるとわかっているので、20枚つくるには100分かかることになります。

あとは明日までのスケジュールと照らし合わせて、空いている時間を確認し、細かく締め切りを設定します。

「今日の15時から16時で12枚つくり、残りの8枚は明日の朝10時からの40分で仕上げる」といった具合です。

あとはその時間に集中して、一気につくり上げればいいだけです。

締め切りを決めないと、脳はやる気にならない

これが何となく「明日中にできればいい」と思っていると、具体的な段取りを組むことができません。

結局、着手するのが後回しになり、夜遅くまで残業して帳尻を合わせることになってしまいます。

締め切りを細かく決めれば、**「今やるべき仕事」が明確になります。**

次にとるべき行動がはっきりしているので、止まることなく仕事を片づけていけるし、仕事がたまっていくこともありません。

そもそも人間の脳は、締め切り前にならないと働かないもの。夏休みの最終日が迫ってくるまで、なかなか宿題をやる気にならないのと同じです。

「締め切りを細かく設定する」ことで、一つ一つの仕事に集中し、最速で仕事を片づけることができるようになるでしょう。

07

仕事が速い人は、「他人の力を借りる」のが上手い

使えるものは全部使う

仕事が速い人は「他人の力を借りる」のが上手です。

自分一人で考えてもわからないことは、すぐに他人の力を借りる。

仕事が速い人ほど、その考え方を大切にしています。

ソフトバンクの孫社長も「他人の力はどんどん借りるべき」という考えです。

思い立ったら、**必要な情報や知恵を持っていそうな人にすぐ電話をかけます。**

たとえ相手が海外在住だろうがお構いなし。こちらは昼間でも、あちらは深夜だったりするわけですが、そんなことは気にしません。

ソフトバンクの会議室には、音声会議用のスピーカーフォンが置いてあり、その形状から社内では〝ヒトデ〟と呼ばれています。

孫社長が何か知りたくなると、口から出るのは「よし、ヒトデだ！」のひと言。

そして海外にあるグループ会社のCEOや、出張中で東京を離れている役員たちにその場で連絡を取り、自分が今抱えている課題について意見を聞くのです。

人に聞けば、問題はすぐに解決する

そもそも仕事には、「こうすればうまくいく」という「解法」があるものです。

それさえわかれば、目の前の問題をすぐに解決できます。

解法を知るには、他人に聞くのが一番手っ取り早い方法です。社内を探せば、必ず誰かが仕事の解法を知っています。

私が新しいプロジェクトを始めるときは、いつも最初にメンバー全員を集めて、課題を洗い出します。これはソフトバンク時代も今も変わりません。

すると必ず誰かが、「それなら、うちの営業部で扱ったことがあります」「財務部に使える資料がありますよ」といった解法を示してくれます。

だから、プロジェクトはすぐに動き出せるのです。

また、その分野で多くの経験を積んだ人は、「相場観」を身につけています。

「この仕事を5人でやるなら、納期は2週間みておいたほうがいい」

こうした納期やコストに関する相場観は、仕事の段取りやスケジュールを組む上で重要なもの。それも自分でいちから考えるより、すでに相場観を持っている人に聞けばすぐにわかります。

自分たちだけではどうにもならなかった問題も、**他人の力を借りれば一発で解決できる**のです。

誰かに解法を教えてもらい、適材適所で仕事を他人に割り振れば、目の前には「自分にできる仕事」しか残りません。

自分にできることなら、誰だってすぐやれるし、早く片づけられます。

仕事が遅い人は、できないことをやろうとするから、時間がかかるのです。

自分の手に負えない仕事を、解法もわからないまま、自分一人で解決しようとして延々と悩み続ける。それでは、いつまで経っても仕事は終わりません。

あの孫社長でさえ、できることしかやっていません。

わからないことは他人に解法を聞き、何が自分にできるかを理解したら、多くの人の手を借りて即座に実行に移す。

ただ、それだけです。

新入社員だろうと、管理職だろうと、経営者だろうと、やるべきことの本質は変わらないのです。

08

誰でも「仕事が速い人」になれる

スキルを身につければ、仕事のスピードは格段に上がる

以上が、世界のトップを間近で見てきた私が学んだ「仕事が速くなる心得」です。

「じっくり考えれば良い仕事ができる」
「締め切りは仕事を依頼する側が決めるものだ」
「自分の力でやり遂げなければ評価されない」

こうした考えで、今まで仕事をしてきた人も多いでしょう。

私がお話ししていることは、すべてその真逆を行くものですから、「これで本当に

うまくいくのか」と半信半疑の人もいるかもしれません。

私も最初はそうでした。

しかし孫社長をはじめとする、**仕事が速い人たちの行動を観察し、実際にマネてみた結果**、仕事のスピードは格段にアップしました。

仕事が遅くて上司に叱られてばかりいた私が、世界トップレベルの速さを要求されるソフトバンクという会社で、確実に成果を出せるようになったのです。

もしあなたが今、仕事が遅いと悩んでいても、必ず仕事が速い人に変われます。

この4つの心得を身につけることは、その第一歩になるはずです。

では次のステップとして、仕事のやり方をどう変えればよいのか。

第3章では、その具体的な方法をご紹介しましょう。

第3章

仕事が速くなる10のダンドリ

09

何があっても「残業しない」と決める

残業の時間帯は、最も効率が低い

朝から上司に頼まれた仕事をこなし、顧客の対応に追われて、気がつけばもう夕方。
なのに、やるべき仕事はまだまだ片づかない……。
そんなとき、あなたはつい考えてしまうのではないでしょうか。
「まあ、残業すればいいや」と。
しかし、それこそが仕事が遅くなる悪魔の呪文。
仕事が速い人になるには、あなたが自分の意志で「残業しない」と決めましょう。
残業すると、最も効率が低下する時間帯に仕事をしなくてはいけません。

多少の個人差はありますが、多くの人は朝が一番頭の回転も速く、体力や気力も充実しているでしょう。

そこから仕事をするうちに、だんだんと疲れてきて、頭も回らなくなり、集中力も失われていく。遅い時間になるほど、仕事の効率は低下していきます。

ですから、定時を超えて深夜まで働いても、結局仕事ははかどりません。**朝にやれば30分で終わる仕事を、2時間や3時間かけてやることになる**のです。だったら残業せずに、翌朝30分早く出社してやるほうが、仕事は何倍も速く片づきます。

仕事が速い人はそれがわかっていますから、「残業はしない」と決めています。その上で、重要な仕事や難しい仕事は朝のうちに片づけ、簡単な作業は午後や夕方にやるよう段取りを組みます。

私の場合、早い時間帯はアウトプット、遅めの時間帯はインプットに充てます。

企画書や提案書をつくったり、原稿を書いたりするのは、午前中に集中して一気にやります。午後や夕方になって集中力が落ちてきたら、本や資料を読んだり、情報収集のために人に会ったりします。

夜遅くなるほど、他人の力を借りられない

もう一つ、残業には大きなデメリットがあります。

それは、他人の力を借りにくい環境で仕事をしなくてはいけないことです。

上司や先輩に相談したくても、相手はすでに帰ってしまっていることが多いでしょう。顧客に確認したいことがあっても、夜遅い時間に電話はかけられません。

結局は、自分一人の力で仕事をすることになります。

上司に聞けば10秒でわかることを、自分で考えたり、ネットで検索したりすれば、またもや仕事は遅くなります。

さらに良くないのは、確信が持てないまま仕事を進めた結果、翌日上司から「こんな資料じゃ使えないから、つくり直して」と言われるリスクが高いことです。

上司がすぐそばにいる時間帯に仕事をしていれば、わからない点を相談し、相手の望んだ通りの資料をつくることができたはず。人の力を借りにくい残業時間帯に仕事をしても、結局は二度手間、三度手間が増えるだけです。

仕事のスケジュールや段取りが決まる

情報共有も、早めの時間にやれば効率的です。

私の場合、ソフトバンク時代も今も、毎日必ず「朝会」を開いて、チーム全体でその日のスケジューリングを決めます。

朝会の時間は、15分から20分ほど。**今日やるべきタスクを全員で出し合い、優先順位を決め、お互いに確認したい情報があればその場で共有**します。

上司の私が部下に頼みたいことも、朝会で割り振ります。ですから部下の側も、「定時で帰ろうとしたら、急に上司に仕事を振られた」という事態にはなりません。

その大前提にあるのは、「残業しない」という全員の意志です。私の会社では、基本的に社員全員が残業ゼロを実践しています。

その結果、どんなに仕事が多くても、「いかに速く仕事をこなし、定時までに片づけるか」を考える習慣が身につくのです。

「残業すればいいや」ではなく、「残業しない」と決めてしまえば、**仕事のスケジューリングや段取りも変わります。**

そして、最も集中できる朝や昼間の時間帯に、効率よく最速のスピードで仕事を片づけられるのです。

10

早めに決めて、早めに始める

早い段階で決めないと、なかなか動き出せない

仕事を早く始めれば、早く終わる。

当たり前のことですが、実践できている人は意外と少ないようです。

やるべきことはわかっているのに、なかなか始められない。これは正確に言うと、「自分はこれをやる」という意思決定ができていない状態です。

「そろそろ業者を決めて、発注しないといけないな。……でも、もう少し比較検討してからにするか」

「A社のプレゼンを任されたけれど、同じ週に別のプレゼンも控えているから、両方やるのは荷が重いな。でも上司の指名だからなあ……」

こんなふうにあれこれ考えて、なかなか「やる！」と決められないわけです。

しかし、いくら仕事を寝かせておいても、「やらなくてはいけない仕事」が「やらなくていい仕事」に変わることはありません。

どっちにしろ、やらなくてはいけない仕事なのだから、早めに「やる！」と決めて、行動を始めるのがベストな選択です。

直前になると弱気になる

意思決定は早いタイミングで行うに限る。

私がそう確信するのには、理由があります。

なぜなら人間は、直前になるほど弱気になり、ますます決められなくなるからです。

最もわかりやすい例が〝マリッジブルー〟です。

「この人となら幸せになれる」と判断して婚約したのに、結婚式が近づくにつれて、

「本当にこの人でいいのだろうか」と迷い始める。そして直前になっても決心がつかず、式の当日に逃げ出してしまう。

本当に逃げ出すかはともかくとして、この心理は誰にでも理解しやすいのではないでしょうか。

あるいは、バンジージャンプなども象徴的でしょう。

「こんな体験をしたら人生が変わるんじゃないか」とウキウキして旅立ったのに、現地が近づくにつれて「万が一、ロープが切れたらどうしよう」といったリスクへの不安が大きくなる。飛び降り地点に立ってもまだ決断できず、そのまま1時間が経過した末、結局はジャンプせずに帰ってきてしまった。

こんなケースは往々にしてあるはずです。

つまり**人間は、直前になるほど感情的になりやすく、合理的な判断ができなくなる**のです。とくに損失やリスクなど、ネガティブな要素を過大評価しやすくなります。

合理的に考えれば、結婚式にしろバンジージャンプにしろ、すでに時間やお金のコストをかけているのだから、予定通り物事を実行するほうがいいはずです。

でも直前になると、ますます決心がつかなくなる。直前に何かを決めようとすると、判断にゆがみが生じるのです。

早めに始めれば、早めに準備ができる

だからこそ、物事は早いタイミングで決めるべきです。

早い段階なら、落ち着いて合理的な判断ができます。また、早めに決めれば、そのぶん早めに準備を始めることができます。

その結果、**仕事が成功する確率も高まる**のです。

私が先日、「英語の講演をしてほしい」と依頼を受けたときもそうでした。

内容を聞くと、英語でプレゼンする上に、外国人を相手に一日がかりでトレーニングを行うという高度な内容です。

これが直前だったら、「こんな大変な仕事はやりたくない」と尻込みする案件です。

でも、依頼が来たのは講演の2カ月前でした。だから私はすぐに「やります」と返事をしました。

そして、2カ月かけて準備を進めた結果、無事にハードな講演をこなすことができたのです。

もし依頼を受けたときに、「もう少し考えてから返事をしよう」と決めるのをずるずると先延ばしにしていたら、不安が増大して弱気になる一方だったでしょう。

そして直前になって引き受けたとしても、ろくに準備もできず、自信がないまま本番に臨むことになり、講演は失敗に終わった可能性があります。

早めに始めれば、**早めに人に仕事を振ることも可能**です。

直前になって「やっぱり資料を全部自分でつくるのは無理だから、半分は部下につくってもらおう」と考えても、「今は手一杯なのでできません」と断られるかもしれません。

しかし同じ依頼でも、1カ月前に振っておけば、部下も締め切りまでに確実に仕事をこなしてくれるでしょう。

外部の業者に発注するときも同じです。

「このアンケート調査は、いつも2週間でやってくれたから」と発注を後回しにしていると、いざ依頼をしたときに「今は他の依頼が重なっていて、3週間ないとできません」と言われるかもしれません。

人の力を上手に借りるためにも、早めに始めることが大事です。

大きな目標をスピード達成できる

こうして見ると、「早めに決める＝長期的な計画が立てられる」ということがわかります。

ゴールを先に決めると、そこから逆算して「今月／今週／今日は何をやるべきか」が明確になります。

大きな目標に思えることも、ブレイクダウンすれば「今日はこれだけやればいい」と安心するし、段取りも明確になって準備も順調に進みます。

たとえば、私は以前、ビジネスパーソン向けに「100問ノック」という研修を企画したことがあります。

報告書や会議の議事録などの資料づくりに関するトレーニング問題を100問解いてもらう特訓コースなのですが、そのためには講師である私も解答例となる100パターンの資料をつくらなくてはいけません。

「資料を100枚つくる」と聞くと気が遠くなりそうですが、長期的な計画を立てれば、決して難しいことではないとわかります。

私が引き受けたのは研修の2カ月前でした。

稼働日だけで40日あるとすると、1日当たり2・5枚つくればいいという計算です。これなら随分とラクに感じます。

しかも試しにサンプルの資料をつくってみたところ、私の場合は1日に10枚の資料をつくれるとわかりました。となれば、実質的に10日あれば、100枚が完成します。

そこでさっそく、他の仕事のスケジュールと調整してそのための時間を確保しました。これで無理なく準備を進めて、研修初日を迎えることができたのでした。

孫社長も、長期的な計画を重視することで知られています。

何しろ19歳のときに、次のような「人生50年計画」を立てたほどです。

「20代で名乗りを上げる。30代で軍資金を貯める。40代でひと勝負する。50代で事業をある程度完成させる。60代で後継者に引き継ぐ」

孫社長はこうして若き日に人生のゴールを設定し、常にそこから逆算して「今、自分は何をやるべきか」を考え、実行しています。

だからこそ、他の人の何倍、何十倍もの速さで成果を出し、とてつもないスピードで会社を大きく成長させてきたのです。

難しいことや大変なことをやり遂げたいときほど、早めに決めて、早めに始める。これが仕事の速さと品質を両立するための必須条件です。

11

スタートダッシュの力を利用する

動き始めのスピードに乗れば、仕事は一気に片づく

人間の行動スピードは、動き始めが最も速い。

これは多くの人が体感しているのではないでしょうか。

「よし、やるぞ！」と決めて走り出した瞬間、ギアがトップスピードに入って全力疾走できる。しかし長く走り続けるうちに、だんだんと疲れてスピードが落ちてきます。

これが一般的な人間の活動サイクルです。

仕事でも、このスタートダッシュの力を使わない手はありません。

初速のスピードに乗って、一気に仕事を片づけてしまいましょう。

そのためには、一つの仕事を短時間で集中してこなせるよう、締め切りを設定します。

たとえば資料をつくるときも、私は最短の締め切りを設定します。

「1時間くらいかかるかな」と思う資料も、30分でつくれる可能性があるなら、思いきって締め切りを30分後に設定するのです。

すると「絶対に30分で仕上げるぞ！」とスイッチが入り、全力でスタートダッシュを切ることができます。

最初のスピードを1時間保つのは難しくても、**30分なら集中力を切らさず、初速を保ったまま作業ができます。**

そもそも人間の集中力は、長くは続きません。

一つのことに没頭できるのは、せいぜい1時間から1時間半くらいでしょう。

それ以上ダラダラと続けても、仕事の効率は低下し続ける一方です。

一つ一つの仕事に最短の締め切りを設定して、スタートダッシュの力を利用し、最大限の集中力を発揮してパッと終わらせる。

この練習を積み重ねれば、仕事全体のスピードもどんどん上がります。

大量の仕事を短時間でこなすトレーニング

私が第1章で「20代のうちは大量の仕事をこなし、締め切りまでにアウトプットを出す訓練を積むべきだ」と言ったのはそのためです。

人材育成の手法の一つに「インバスケット訓練」があります。

これは与えられた大量の仕事に優先順位をつけ、30分から1時間程度の短時間のうちに、できるだけ迅速に解決する作業を繰り返すトレーニングです。

大量の仕事を短時間でこなすサイクルを重ねるうちに、一つ一つの仕事の処理スピードは確実に上がっていきます。

そうやって若いうちに仕事の基礎体力を鍛えることで、30代、40代になったときに、残業をしなくても済むだけのスピード感を養えるのです。

とはいえ、あなたがすでに30代以上でも、遅くはありません。

日々の仕事の中で最短の締め切りを設定する習慣をつけ、常に自分にとって最速のスピードで仕事をするよう心がけてください。

12

まずは、全体像を把握する

「何から着手すべきか」がわからないと、仕事は始まらない

仕事は早めに始めるのが大原則ですが、かといって「どこから始めてもいい」というわけではありません。

目的を達成するために必要なことを、最もムダのない順番でこなしていくのが、ゴールまでの時間を最短にする秘訣です。

ですから、まずは「何から着手すればいいのか」を見極めることが必要。そのためには、仕事の全体像を把握しなくてはいけません。

そこで必要になるのが、**「情報」**です。

人に聞いたり、本を読んだりして、ざっくりでいいから全体像が掴めるだけの情報を揃える。すると頭の中に思考の枠組みができて、仮説を立てることが可能になります。

「このプロジェクトは、ここと ここに課題があり、この段取りで進めれば最短でゴールにたどり着けるのではないか」

こうしてゴールまでの地図を描くことができれば、何から着手すればいいかわかるし、次のアクションにすぐ移れます。

前述した通り、私がプロジェクトリーダーを務めるときは、必ず最初にメンバー全員を集めて課題を洗い出しますが、これも情報を揃える手段の一つです。

企画や営業、財務や経理、法務など、各分野の専門家が一堂に会して話し合えば、そのプロジェクトに関して知っておくべき最低限の情報を一度に得ることができます。

本や人から情報を得て、仮説が立てばすぐ行動できる

また、本や社外の人から情報を得ることもあります。

私は東日本大震災後から、内閣府の原子力災害対策本部で廃炉・汚染水対策のアドバイザーを務めていました。

ビジネスの世界で培ってきたプロジェクト・マネジメントの経験を買われてご指名を受けたのですが、私は原子力についてまったくの素人です。

少々戸惑い気味で最初の会議に出席したところ、私に期待されているのは原子力そのものに関わることではなく、原発で行われている工事をマネジメントする、いわば施工管理に近い役割だとわかりました。

そこで私はさっそく書店へ行き、施工管理や土木管理に関する分厚い本を8冊ほど買い込み、3日間でざっと目を通しました。さらに施工管理の専門家に話を聞きに行き、実務の面でわからないことを教えてもらいました。

そして施工管理の概要を大まかに把握した上で、現地に入って現場担当者にヒアリングし、問題点を抽出したのです。

これでプロジェクトのどこに課題があり、何からやればいいかが理解できたので、すぐに次のアクションへ移ることができました。

このケースも、まずは本を読んで全体像を把握したのが勝因です。

施工管理の概要を何も知らなければ、いくら現場の人や専門家に話を聞いても、何をどう理解していいのかわからなかったでしょう。

課題を見つけることができず、仮説を立てることもできないまま、時間だけがどんどん過ぎていったに違いありません。

とくにリーダーとしてプロジェクトやチームを率いる立場の人は、できるだけ広い範囲で物事を捉《とら》えることが求められます。

仕事のスタートからつまずかないためにも、**「細部ではなく、全体から入る」**がリーダーの掟と心得ましょう。

13

アウトプットイメージを共有する

仕事は、上司やクライアントへの〝サービス〟

仕事の全体像を把握すると同時に、もう一つ早い段階でやっておくべきことがあります。

それは、アウトプットのイメージを関係者と共有することです。

「会議用の資料をつくってくれ」

上司にそう言われたら、**「どんな情報を、どんなフォーマットで、どれくらいの枚数でつくるのか」といった詳細をすり合わせる**ことが欠かせません。自分が上司の立場で、部下に仕事を振る場合も同じです。

「そんなことくらい、やっているよ」と思うかもしれませんが、実際は〝共有したつもり〟で終わっているケースが少なくありません。

とくに「自分が納得できる仕事をしたい」と考える完璧主義タイプは、周囲が求めるものではなく、自分がつくりたいものをつくってしまう傾向にあります。

要するに、自分勝手なゴールを設定してしまうわけです。

しかし、これでは相手が期待していないことまで延々とやり続けて、納期がどんどん遅くなる危険性があります。

その上、ようやく出されたアウトプットが、相手が求めるものとはかけ離れたものだったら、最初からつくり直すことになります。

仕事を発注した側も、受注した側も、双方にとって何のメリットもありません。

積極的に質問すれば、より詳細なイメージが掴める

それを避けるには、まず仕事の依頼を受けた時点で、相手の求めるアウトプットのイメージをできるだけ詳しく確認することが必須です。

これ自体は、さほど難しいことではありません。

わからないことや曖昧な点を相手に質問すればいいだけです。

質問をすれば、より詳しい情報が得られて、自分が目指すべきアウトプットイメージが明確になるのです。

質問の数が多いほど、相手の求めるものに近づけるのですから、いくらでも遠慮なく質問してください。

さらには、仕事を始めてからも、途中で何度かアウトプットイメージのすり合わせをすべきです。

最初の段階で確認しても、どうしたらいいか迷うことは出てきます。また、イメージを共有したつもりでも、お互いに誤解や思い込みがあったりもします。

ですから、折に触れて「資料の下書きをつくったのですが、グラフや表の入れ方は、これでいいですか?」などと相手に確認をしましょう。

もしイメージとズレていたら、早い段階で軌道修正ができます。最小限の手間と時間で、相手の求めるイメージにピタリと合うものをつくれるのです。

「何度も相談するなんて、仕事ができない人間だと思われるのでは？」と心配する人もいますが、とんでもない。むしろ**仕事を頼む側としては、途中経過を確認できたほうが安心します。**

「途中でいいから、とりあえず見せて」と言っても、「いや、もう少し待ってください」と延ばし延ばしにする。その挙げ句、締め切り間際になって、求めているものとまったく違ったアウトプットを提出されたら、「二度とこの人に仕事は頼みたくない」と思って当然でしょう。

仕事とは、いわば上司やクライアントへの〝サービス〟です。

相手が求めるサービスを提供するには、お客様思考が欠かせません。

「自分がやりたいこと」ではなく「相手が期待すること」を目指す。そのアウトプットに向かって最速で仕事をすることができるのです。

14

必要な「情報」と「権限」を揃える

意思決定できるだけの情報と権限が揃わないと、仕事が止まる

段取りを組んで仕事を始めたのに、思わぬところで仕事が止まってしまう。そんなことはよくあります。

その原因はとても明快。

「情報」と「権限」が足りていないのです。

情報を揃えることの重要性については、すでに「まずは、全体像を把握する」（89ページ）のところでお話ししました。情報が足りなければ、何から着手すべきかわからず、仕事がストップしてしまう。それはよく理解していただけたかと思います。

しかし情報は揃っていても、やはり仕事が止まってしまうことはあります。

その場合、あなたに足りていないのは**「権限」**です。

仕事を早く始めるには、「次はこれをやる」と早めに決めることが必要です。

しかし、組織の中で働いていれば、自分だけでは決められないこともあります。


「上司の意見を聞かなければ判断できない」

「コンプライアンス部に許可をもらわないと進められない」

仕事をしていれば、そんな場面の連続でしょう。

これはつまり、あなたに決めるための権限が不足している状況です。

問題なのは、そこで仕事の手を止めてしまうこと。仕事を速くするには、次々とアクションへ移すことが大原則です。

ですので、自分だけで決められないとき、あなたがやるべき次の行動は「権限を揃える」です。

会議を開けば、情報と権限が一度に揃う

会議をセッティングして、意思決定の権限を持つ上司や関係者を一度に招集する。これは権限を揃える最良の方法の一つです。

そうすれば、その場ですぐに「次はこれをやる」というアクションが決まります。

そもそも、日本の会社で行われる会議の多くは、絶対的に情報と権限が足りていません。

せっかく人を集めて何時間も話をしたのに、結局何も決まらない。そのたびに、「持ち帰って検討します」という言葉が繰り返され、その会議の時間はムダになります。

しかし、「何も決まらない」という状況は仕事が遅くなる大きな要因です。

ですので、会議に**誰を呼ぶかは非常に重要**です。

プロジェクトマネジャーがいれば、意思決定できるのか。それより大きな権限を持った経営陣や、クライアント側のリーダーが加わらないと、意思決定できないのか。

ときには、弁護士や会計士などの専門家を外部から招いて、プロの見地から判断を仰がなくてはいけない場面もあるでしょう。

「その会議で何を決めるのか」を明確にし、そのために必要な情報と権限を持った人を集めること。

これが意思決定のスピードをアップし、次のアクションへすぐに移るために必須の条件です。

情報と権限を意識すれば、仕事はスピードアップできる

日々の小さな業務も、**情報と権限を意識することで、仕事を止めずにどんどん行動へ移すことができます。**

たとえばメールをすぐに返信せず、「よく考えてから返事をしよう」と後回しにする人がいます。

しかし、相手からの問いに即答できないのは、情報と権限が足りていないのが原因。いくら自分で熟考したところで、わからないことがわかるようにはなりません。

もし権限が足りないなら、「部長と相談して今日中に回答します」といったメールを返し、打ち合わせのために部長のスケジュールを押さえる。

もし情報が足りないなら、それを持っている人にメールを転送して、「こんな問い合わせが来ているので、必要な資料を送ってください」と頼む。

こうして行動へ移すことで、仕事を止めることなく、前へ進めることができます。

情報と権限を手元に揃えるよう心がければ、仕事をスピードアップしていけるのです。

15

仕事を小さく分ける

仕事の単位を小さくすれば、短期集中できる

目の前に膨大な量の仕事があると、「本当に自分にできるのだろうか」と途方に暮れることがあります。

「ちゃんとゴールにたどり着けるのか」と不安になり、なかなか集中して取り組むこともできません。

でも、そんな悩みは簡単な方法で解決できます。

仕事を小さく分ければいいのです。

私も本の原稿を書くときには、この手を使っています。

私は集中力が長く続かないので、１日に何万字も書くことはできません。集中できるのは、せいぜい１時間半が限度。それ以上は頭が回らなくなります。

そこで自分が１時間半で書ける文字数を把握し、「１日に２０００字から２５００字」と決めました。

そして、自分が一番集中できる朝の１時間半で執筆する。これなら集中力のない私でも、無理なく原稿を進められます。

一つ一つの作業が高速化する

こうして仕事の単位を小さくすると、仕事は本当にラクになります。

「早めに決めて、早めに始める」（77ページ）のところでお話しした、「長期的な計画を立てて、仕事をブレイクダウンする」というのも基本的な発想は同じです。

「資料を１００枚つくる」だと、自分の限界を超えた仕事に思えるかもしれません。

でも、「締め切りまであと20日だから、1日に5枚つくればいい」と思えば、そう難しい仕事ではなくなります。

「自分にできる」と思えるからこそ、不安や心配で心を乱されることなく、目の前のことに全力で取り組めます。

仕事を小さく分ければ、一つ一つの作業が高速化するのです。

部下の能力に合ったサイズの仕事を振る

部下に仕事を振るときも、相手の能力に合わせて、仕事を小さく分けることが欠かせません。

いくら仕事を人に振ることが大事だからといって、何でも思いつくままに仕事を頼んでいたら、今度は部下がパンクしてしまいます。

結局は締め切りに間に合わず、チームとしての仕事が遅くなる上に、上司として尻拭いをすることになります。二度手間、三度手間が発生してしまうのです。

ですから、上司は部下の能力を見定めて、「これくらいの量なら、締め切りまでにできるだろう」というサイズまで仕事を小さくしてから割り振るのが鉄則です。

それをやらずに、「うちの部下は仕事が遅い」と愚痴を言うのは、自分に上司としての能力が足りないと言っているようなものではないでしょうか。

私がソフトバンクでコールセンターの責任者をしていた頃、自分の下にいたユニット長は全員が派遣社員やアルバイトでした。

通信業界はもちろん、社会人としての経験さえ浅い若者が中心だったのです。

それでも仕事を小さくして、こまめに振れば、一つ一つの仕事を全員がきちんと締め切りまでにやってくれます。チームを管理する私の仕事もスムーズに進み、仕事が速く回るようになりました。

まるで、ひな鳥の口のために小さく食べ物を噛み砕いてあげる親鳥の心境でしたが、これこそが上司の心得なのだと思ったものです。

第2章でお話しした通り、人間の能力には限界があります。だからこそ、仕事は自分ができるサイズに小さく分けて、サクサク片づけていくべきです。

「自分にはできない」と思うようなことを、いかに「できること」へと変換するか。

それこそが、「仕事が速くなる技術」のカギと言っていいでしょう。

16

仕事を「構造化」する

構造化すれば、問題解決がスピードアップする

「できないこと」を「できること」へと変換する技術を、もう一つ紹介しましょう。

それが**「構造化」**です。

複雑で困難に思える仕事が目の前にあるとき、この技術を知っていれば、問題解決をスピードアップできます。

構造化とは、簡単に言えば「全体像を細かく分割し、システム化すること」です。

大きな問題が目の前にあるとき、それをいちから順に片づけようとしても、らちがあきません。

それよりも、まずはパターンの軸を決めて、問題をジャンルやレベルごとに分類し

てみる。すると、全体の構造が明らかになります。

この問題を解決するためには、どこに何の課題があり、誰がどの仕事をやるべきかという役割が定義できるのです。

作業量が3分の1に

仕事を構造化するとはどういうことか、具体的な例で説明しましょう。

あるとき私は、M&Aをテーマとした講演を依頼されました。

となると、講演用のスライドをつくらなくてはいけません。

第2章で話した通り、私は1枚のスライドにつき3分のペースで話します。

今回の講演は1時間半なので、必要なスライドは30枚です。

ただし今回は、「ソフトバンクが手がけたM&Aの事例を、できるだけたくさん紹介してほしい」というリクエストつきでした。

スライドを1枚ずつコツコツつくっていったら、本当に30枚分も書くことがあるのか、あるいは必要な要素を過不足なく30枚でまとめられるのか、最後の最後になってみないとわかりません。

そこで、この仕事を構造化してみることにしました。

ソフトバンクの代表的なM&A案件をざっと調べると、講演に使えそうな事例が10件あります。

30枚のスライドをつくるには、1つの案件につき3枚でまとめればいいわけです。

そこで1つの案件を「M&Aの背景／概要／結果」の3つのパターン軸で分けて、それぞれ1枚ずつのスライドに落とし込むことにしました。

「背景」と「概要」は、ソフトバンクの過去のプレスリリースを見れば、誰でも簡単につくれます。そこで、資料を集めて下書きをつくる作業は、さっそく部下に振りました。

あとはそれを見て、「結果」のスライドをつくればいいだけです。

最初に仕事を構造化し、誰が何をやるか役割を決めたおかげで、**実質的な私の作業量は3分の1ほどに減りました。**

その結果、ごく短時間で30枚のスライドをつくることができたのです。

もし構造化せず、自分一人で「まずは1件目のスライドをつくってみよう」「次は2件目をつくってみよう」と、いちから仕事を進めていったら、これほど速くは片づかなかったでしょう。

一つの案件につき2枚になったり、4枚になったりしながら手探りでスライドをつくり、最後になって30枚に収めるための調整作業でよけいな時間をとられることになったはずです。

「3日間で1万個」のノルマも、構造化でやり遂げた

構造化の威力を実感したのは、私がソフトバンクに入社した直後でした。

「３日間で経営要素を１万個リストアップしろ！」

それが孫社長から与えられた最初の仕事でした。

当時、私は社会人経験がまだ浅い25歳。経営に関する知識も経験も皆無です。

しかも「３日間で１万個」という途方もない数字に、正直言って呆然《ぼうぜん》としました。

しかし、孫社長に「使えないヤツだ」と思われたら、ソフトバンクに私の居場所はありません。

とにかく必死で頭に浮かんだものを紙に書き出していったものの、20代の新人が思いつくことなどたかが知れています。

そこでようやく私は悟りました。

「自分一人の頭で、１万個も経営要素を思いつけるわけがない」

当然と言えば当然です。そんなことが可能なら、私は３日間で「経営事典」を書き上げられるでしょう。

この問題に真正面からぶつかっても、できないものはできない。ならば、アプローチを変えるしかない。

そうしてたどり着いたのが、「構造化」という解決法でした。

まずは経営に関する要素を10個書き出します。

「経営戦略」「財務」「人事」「法務」といったものです。

次に、10個にジャンル分けした要素の一つ一つを、さらに10個の要素に分けました。

「経営戦略」なら「商品戦略／マーケティング戦略／販売戦略……etc」、「人事」なら「採用／教育研修／人事制度構築／労務管理……etc」となります。

これで「10×10＝１００」の要素ができました。

その１００個の要素を、さらに小さく分けます。

「採用」→「新卒採用／中途採用／グローバル採用／経営層のヘッドハント……」

こうして小さく分割していくことで、私は1万個を達成することができました。

3日後には無事に孫社長へリストを提出し、入社していきなり訪れた最大のピンチを乗り越えることができたのです。

「できないこと」を「できること」へ変える

パターンの軸を決めて、細分化する。この手法さえ知っていれば、構造化の作業自体は難しくありません。

経営要素を小さくしていくのも、書店で「経営戦略」「人事」「法務」などの専門書を買ってきて、そこにある項目を書き出せばいいだけ。これなら新入社員でもできます。

構造化はまさに、「できないこと」を「できること」へ変える技術なのです。

自分にできることなら、誰でもすぐに実行できます。

だから仕事を速く片づけることができるのです。

17

主導権を握る

上司の先手を打てば、残業は発生しない

残業しないと決め、段取りを組んですぐ仕事に取りかかったおかげで、仕事がスピーディーに進んでいる。今日やるべきタスクも終わり、「今日は定時で帰れる！」と思った瞬間、上司からこんな言葉が飛んできたことはないでしょうか。

「明日の会議で使う資料、まとめておいて」

この瞬間、あなたは残業確定。夜遅くまで仕事をすることになるでしょう。

このように、終業時間の間際になって急ぎの仕事を振ってくる上司は、どこの会社にもいるはずです。

部下としては、上司の指示を断るわけにはいきません。しかし、いつも上司に振り回されていては、仕事の時間は長くなる一方です。

それを防ぐには、上司の先手を打って行動し、こちらが主導権を握るしかありません。

上司のスケジュールや日頃の行動パターンを把握すれば、上司がどのタイミングで、どんな仕事を振ってくるか、だいたい予測できます。

たとえば、上司が出席する会議が1週間後にあるなら、早めにこちらから「来週の会議で報告する数字、まとめておきますか?」と確認すればいいでしょう。

あるいは、前回の会議の議事録を踏まえて、「若年層のニーズについてもう少し詳しく調べたほうがいいという議論がありましたが、今のうちにリサーチ会社にアンケートを依頼しておきますか?」といった先手を打つこともできます。

こうして常に先回りしていれば、自分が主導権を握れます。

相手が球を投げてから打つのではなく、こちらが先に球出しをして、相手に打たせる。そうすれば、上司に振り回されることも少なくなります。

「今やれること」を考えてみる

そもそも仕事が速くなりたいなら、「誰かに言われてからやる」という待ちの姿勢はＮＧです。

「上が決めてくれないと動けない」

そう言って、じっと指示を待つ人がいますが、それでは仕事が遅くなるだけです。

大事なのは、「これはやれない」と決めつけるのではなく、「やれるかもしれない」と思考を転換してみること。今の時点で先手を打ってやれることがあるはずだと考えてみるのです。

仕事が遅い人は、いつも「やらない理由」を探して、「後回しでいいや」と考えるクセがあります。

しかし、それが自分の首を締めることになります。

仕事が速くなりたいなら、やらない理由探しは今すぐやめましょう。

そして「やれるかもしれない」と思考を切り替え、先手を打つ。こちらが主導権を握れば、残業などすることもなく、仕事を速く片づけられるのです。

"上司の上司"の視点に立つ

だいたい、納期の直前になって急に仕事を振られても、良いアウトプットを出せるわけがありません。

ろくに準備もできないまま、疲れきった遅い時間に何とか仕事を仕上げても、低い品質のものにしかならないでしょう。

そうなれば、上司にもメリットはありません。

部下から渡された雑な資料や計算ミスのあるデータを会議で使えば、上司の評価も下がります。会社から〝ダメ上司〟の烙印を押されてしまうわけです。

それを避けるには、部下であるあなたが「上司の上司」の視点に立てばいいのです。直属の上司が課長なら、その上の部長の立場で考える。直属の上司が部長なら、その上の本部長の立場で考える。

こうして2段上の視点に立って考えれば、**「課長が部長に資料を見せるとき、こういうデータが入っていたら説得しやすいだろう」**といった予測ができます。すると、部下である自分が何を先回りすべきかもわかるはず。先手を打って、素早く球出しができるでしょう。

私が孫社長の部下だった頃も、先手を打つよう心がけていました。直属の上司である孫社長が組織のトップですから、当時の私に「上司の上司」はいません。

孫社長が、すべての意思決定をする組織の頭脳ということになります。

そこで私は、「孫社長がいかに迅速に意思決定できるか」を先回りして考える習慣がつきました。

現在動いている複数のプロジェクトの進捗状況を随時確認し、孫社長の意思決定が必要になる時期を予測する。そして「意思決定に必要な情報と権限は何か」を考え、早い時期に情報と権限を持つ人を集めて会議をセッティングする。

こうして先手を打って段取りを組み、しかるべきタイミングで孫社長が意思決定できるようにしたのです。

前述の通り、仕事は上司へのサービスです。

相手のことを思えば、部下が先手を打って早め早めに仕事をすることが、結局は上司の役に立つことになります。

上司の仕事がスムーズに進めば、部下も急な仕事を振られたり、ムダな残業を強いられることはありません。

上司へのサービス精神を持ち、お客様思考で行動することが、結果的にあなたの仕事を速くするのです。

18

期待値をコントロールする

仕事の速さは、人との関係で決まる

お客様思考で仕事ができるようになると、あることに気づきます。

それは、仕事の速さには**絶対的な基準があるわけではない**ということです。

資料を1日で仕上げても、仕事を頼んだ上司が「2時間後に提出してほしい」と期待していたら、あなたは〝仕事が遅い〟と評価されます。

反対に、上司が「3日後までに提出してほしい」と期待していたら、あなたは〝仕事が速い〟と評価される。

つまり、仕事の速さは相対的なものであり、人との関係性で決まるのです。

一緒に仕事をする上司や同僚、顧客が何を求めているのか。

相手にとっての〝必要十分〟を見極め、やるべきことを過不足なく実行する。それが「仕事が速い」ということです。

ですから、本当の意味で仕事が速くなりたいなら、周囲の「期待値」をコントロールする必要があります。

期待値をコントロールする方法とは？

仕事における期待値は、3つの要素で構成されます。

それが**「納期」「コスト」「品質」**です。

いくら締め切りに間に合っても、予算が大幅にオーバーし、使い物にならないクオリティだったら、相手の期待値はクリアできません。

有名なクリエイターに芸術的な作品をつくってもらっても、締め切りを1カ月過ぎてから提出されたら意味がないし、高いギャランティがムダになります。

「納期」「コスト」「品質」のバランスがとれてこそ、相手の期待値を満たすことができるのです。

期待値は絶対的なものではなく、相対的なものですから、**相手とのコミュニケーションを通じて調整することが可能**です。

「このマーケティング調査ですが、10人程度のグループインタビューなら、2週間で報告できます。それで不十分なら、もう1週間かけて追加のグループインタビューをするということでいかがですか?」

「リサーチをA社に頼むと10万円ですが、納期は3週間です。B社に頼むと30万円かかりますが、納期は10日間です。どちらがいいでしょうか?」

こうして質問をしながら、相手が望む「納期」「コスト」「品質」をすり合わせます。どのように3つのバランスをとるかが決まれば、あとはその範囲内でやれることをやればいいだけ。的外れな作業に力を入れてムダな時間を費やすこともないし、「これではデータが足りないから、やり直してよ」と言われることもありません。

仕事が速くなる上に、失敗もなくなるのです。

「仕事が速い人だ」と周りに評価されるヒケツ

繰り返しになりますが、仕事とは上司や顧客への「サービス」です。

そしてサービスには、必ずお客様が期待するレベルがあります。

あなたも、お客様の立場になって考えてみてください。

「○×グランドホテル」という名のいかにも高級そうなホテルに、1泊3万円で予約をした。ところが行ってみると、部屋は荷物を置いたらいっぱいになってしまうほど狭い上に、お風呂もこじんまりとしたユニットバスだった……。

いかがでしょうか。きっと腹が立って、怒り出すと思います。

ところがこれが「○×ビジネスホテル」という名で、1泊3千円のホテルだったらどうでしょうか。

「まあ、部屋は狭いけど清潔だし、ユニットバスとはいえお風呂もついているから、悪くないかな」

そう思って満足するのではないでしょうか。

このように、サービスにおいては、品質やコストそのものが高いか低いかではなく、「客の期待値を満たしているかどうか」で評価が決まるのです。

そして仕事も、まったく同じです。

上司から怒られたり、顧客からクレームが来たりするのは、すべて相手の期待値をコントロールできていないことが原因だと考えるべきでしょう。

そして「品質」「コスト」をコントロールするには、大前提として「納期」の期待値を確認することが先決です。

ビジネスにおいては、**何ごともまず「納期」ありき**です。

もちろん品質やコストへのニーズはありますが、それも「納期を守った上で、どこまでやるか」を考えなくてはいけません。

さらに「納期」については、相手の期待値をほんの少し上回るよう心がけると、「仕事が速い人だ」と思ってもらえます。

締め切り当日に資料を提出しても、相手は「期待通りだったな」で終わってしまいます。

かといって1週間も前に提出すると、相手もそれを確認するための段取りを組んでいないので、結局は上司のデスクに1週間置かれたままになってしまいます。

ですから、締め切りの前日から2～3日前くらいに出すのが、相手にとって最もインパクトがあるのです。

相手の期待値を、少しだけ上回る。

これが周囲に「この人は仕事が速い！」と評価される秘訣です。

第4章

頭がいい人の仕事が速くなる技術

19

一度アウトプットしてみる

完璧でなくていいので、形にしてみる

仕事が速い人は、アウトプットを出すのが速い人です。

第2章でもお話しした通り、頭の中で考えているだけで具体的なアクションに移れない人は、いつまで経っても仕事は速くなりません。

考えすぎて動けない人は、自分の思考に制限をかけています。

「この仕事は完璧に仕上げるべきだ」という条件を勝手に決めて、その枠の中でしか物事を考えられなくなってしまう。「完璧にするには時間がかかる」と考えて、納期も遅めに設定しがちです。

では、アウトプットのスピードをアップするにはどうすればいいか。

完璧なものでなくていいから、とりあえず一度形にしてみればいいのです。

形にすることで、全体像が見えてくる

プレゼン用のスライドをつくるなら、まずはラフを紙に書き出してみる。レポートをつくるなら、まずは目次案を書き出してみる。

こうした下書きレベルでかまわないので、現時点で頭の中にあるものを書き出してみましょう。

書いているうちに新たに思いつくこともあるし、書き出したものを見て「やっぱりこれはおかしい」と気づくこともあります。

一度アウトプットするからこそ、全体の構想が見えてくるのです。

そして、ざっくりとした全体像が見えたら、仮段階のアウトプットを発注者に見せ

てください。

「まだラフの段階ですが、スライドのタイトルと図表の入れ方はこれでいいですか？」

「レポートの構成ですが、とりあえず目次案だけ見てもらえますか？」

こうして早めにコミュニケーションをとれば、フィードバックも早くもらえます。

もしイメージとズレていたら、早い段階で軌道修正ができます。最小限の手間と時間で、相手の求めるイメージにピタリと合うものをつくれるのです。

アウトプットすれば、誤解や勘違いを回避できる

かつての私も、プレゼンのスライドづくりで孫社長にダメ出しを食らい、徹夜ばかりしていました。

そこから抜け出せたのは、制作途中のアウトプットを要所で見せるようにしたから

です。

締め切り間際になって完成した（つもりの）アウトプットを見せるのではなく、ラフの段階でこちらから球出しをするのです。

すると返ってくる球の向きを確認できるので、こちらもすぐに方向転換できます。

発注者と共有すべきイメージがより具体化される。

これこそ、一度アウトプットする最大のメリットです。

お互いが頭の中のイメージを口頭で伝え合うだけでは、どうしても誤解や思い込みが生じます。

しかし、下書きでもラフでもいいから何らかのアウトプットがあれば、可視化された情報をもとに期待値のすり合わせができます。お互いのイメージにギャップがあれば、それを具体的に指摘し合うことができるのです。

何度もチェックを受けるのは面倒に思えるかもしれません。

でもそれが、相手の望むアウトプットへ最速でたどり着く方法なのです。

20

まずは80％を目指す

成果の8割は、2割の仕事で決まる

どんな仕事でも、いきなり完璧を目指すのは無理というものです。

スタート時点では情報がまったくないのですから、そもそも何が完璧なのかさえわかりません。

やみくもに100％を目指して走り出しても、回り道をしたり、迷ったりして、よけいな時間がかかることになります。

まずは情報を揃え、全体を構造化すること。その上で、どれを優先して着手すべきか決めて、まず80％を目指すのが仕事を速くするコツです。

「80％」という数字には、根拠があります。

皆さんも、「2：8の法則」という言葉を聞いたことがあるのではないでしょうか。

これは「全体の大部分（8割）は、一部の要素（2割）によって決まる」というもので、別名「パレートの法則」とも呼ばれます。

「売上げの8割は、2割の商品によって生み出される」「全世界の所得の8割は、2割の富裕層が所有している」といった事例は有名です。

これをビジネスの場面に当てはめてみましょう。

たとえば、「自社のコールセンターへのクレームが多い」という問題があるとします。「2：8の法則」で考えると、「クレームの8割は、2割の原因によって生み出される」ということになります。

だったら、まずはクレームの内容をジャンル分けし、全体を構造化して、上位2割を生み出している要因を特定するのが先決。その2割を解決すれば、クレームの8割は解消されます。

クレームの内容が「商品の品質」「納期の遅れ」「包装の不具合」「営業マンの接客」「決済・支払いの仕組み」の5種類に分けられるとしましょう。

ただし、それぞれの件数は均一ではありません。

調べてみると、「納期の遅れ」だけで、クレーム件数のほぼ8割を占めることがわかりました。

となれば、最優先すべきはこの要因を解消すること。5個のうちの1個、つまり「20％」を解決することにより、「まず80％」のゴール達成を目指すわけです。

20％の仕事に取り組み、80％の成果を目指す

このように、「これをやれば効果が大きい」という20％の仕事から先に取り組めば、それだけで80％の仕事は片づきます。

最小限の時間で、最大限の成果を出すことができるのです。

私もソフトバンク時代にコールセンターの業務改善を任され、実際にこの手法で問題をスピード解決したことがあります。

手始めにクレームの記録をすべてプリントアウトし、コールセンターのメンバーを集め、手分けして紙の山を分類しました。

すると、1000枚のうち、わずか2つのクレームが800枚以上を占めていたのです。結果として、上位のクレームから順に解決することで、コールセンターの業務改善をスピーディーに推し進めることができました。

仕事が遅い人は、全体像があいまいなまま、いきなり100%を目指そうとします。だから上司に「クレームを減らせ」と言われても、「クレームの種類が色々あるので、原因を分析するには時間がかかります」と答えてしまうのです。

しかし、こんなあやふやな答えを聞けば、上司は不安になります。具体的な締め切りも設定できず、部下の仕事のプロセス管理もできません。

常に優先順位を明確にし、「この20%から着手して、○月×日までに、まず80%の達成を目指します」と言えれば、上司や顧客から信頼されます。

段取りがよく、仕事が速い人という評価を得られるのです。

21

人と話しながら考える

高速で頭の中が整理できる方法

自分一人で10秒以上は考えないこと。

これを徹底していた孫社長は、部屋にこもって一人で仕事をする時間がほとんどありませんでした。

少しでも時間があると、私たち社長室のメンバーが呼び出されます。

そして、今抱えている課題について、「これってどうだろう」「こんなやり方もあるよね」などと私たちを相手に議論を始めるのです。

これを私たちは**「壁打ち」**と呼んでいました。孫社長が壁に向かって球を投げたら、とりあえず跳ね返す。その壁が私たちというわけです。

議論といっても、突然呼び出されたこちらは、その課題について確たる意見やアイデアを持っているわけではありません。

ですから「一般的に考えると厳しいんじゃないですか」「それなら似たような事例を他社がやっていましたよ」などと、手持ちの情報や世間一般の価値観を返していくしかありません。

でも、それこそが孫社長の求めるものでした。

球を投げたら、返ってくる。それ自体に大きな意味があるのです。

何度か壁に球を投げるうちに、思いがけない方向へ球が転がっていったり、予想以上のスピードで返ってくることがある。それによって、今までにない気づきを得られるのです。

私たちから独創的なアイデアが返ってくることを期待するというよりは、自分の中にある思考の枠を打破することが壁打ちの目的だったのでしょう。

人と話せば、次々とハードルを越えていける

孫社長の壁打ちは、たいていの場合、高いゴール設定から始まります。

「1000億円を資金調達したいんだけど」

当時のソフトバンクの規模では考えられないような、無謀な球が飛んでくることもありました。

そこで私が「現在の状況では難しいと思います」と返すと、孫社長は「こんなやり方なら可能では？」とアイデアを出してくる。私がまた「それでも難しいかもしれません」と返すと、「だったら、この方法はどうだ？」とまたアイデアを出す。

こうして壁打ちをするたびに、一つ一つハードルを越えてくるのです。

そして私が「それならできるかもしれません」と返したときには、ゴールまでの道筋が明確になっています。

だから、素早く次のアクションへ移れるのです。

反対に、課題そのものが漠然とした状況から壁打ちが始まることもあります。

「今度ビル・ゲイツにプレゼンしに行くから、何か考えないとなあ」

「ａｕの社長と会うことになったから、提携のプランを何か持っていきたいよね」

そんなところからスタートすることもありますが、この場合もやはり人と話すうちに、しだいに頭の中が整理され、やるべきことが明らかになっていきます。

思考の枠を外してアイデアを広げ、次にとるべき行動を明確にするためにも、壁打ちは有効なのです。

もちろん孫社長に限らず、「壁打ち」は誰にとっても有効です。

自分一人で考えず、隣にいる上司や同僚と話してみる。あるいは、チームのメンバーとランチをしながら、気になっている問題について話してみる。

こうして**人と話すことで、一人で考えるより数倍速く、頭の中を整理できる**はずです。

22

短時間で大量にアイデアを生み出すには？

既存のものを掛け算する

今までにないものを創造する。

そう聞くと、アウトプットを出すまでに、とてつもない時間がかかりそうに思えます。新商品の開発や新サービスの企画などは、まさにそんな仕事でしょう。

ところが、これを簡単かつスピーディーにやり遂げる方法があるのです。しかも、一度に大量のアイデアを発明できます。

それが**「掛け算法」**です。

これは、すでに世の中にあるビジネスや商品、サービスなどを組み合わせて、新しいものを生み出す手法です。

たとえば、私の会社が提供している英語学習プログラム「トライズ」は、こんな掛け算で生まれました。

「英語」×「マンツーマンのトレーニングジム」

従来から自社で手がけていた英会話教室などのサービスと、「結果にコミットする」というキャッチコピーで人気を集めているダイエットジムの手法とを掛け算した結果、「１年で必ず英語がマスターできるプログラム」が誕生したわけです。

「えっ、そんなやり方でいいの？」と思うかもしれませんが、もちろんＯＫです。

ビジネスの世界で求められるのは、ゼロから一を生み出すことではありません。何もないところから唯一無二のものを生み出すのは、芸術家にお任せしましょう。

そんなことをしなくても、既存のものを掛け合わせれば、新しい価値を生み出すことはじゅうぶんに可能なのです。

掛け算法の具体的なやり方

しかも、世の中で一定の評価を得ているものを組み合わせれば、先駆者たちがたどった〝勝ちパターン〟を踏襲できます。

ヒットしたサービスや売れた商品には、必ず成功のノウハウが隠されています。既存のアイデアをベースにすれば、製品の仕様や営業手法、プロモーションの展開など、有用なノウハウをそのまま転用できるわけです。

つまり掛け算法を使えば、アイデア出しのスピードが速くなるだけでなく、ビジネスが成功に至るまでの時間も最短最速になるわけです。

掛け算をするときは、**「世の中の成功パターン」×「自分たちの強みや個性」**を組み合わせるのが基本です。

既存の成功例同士を掛け合わせても、生まれたアイデアが自社では実現不能なものだったら意味がありません。

先日京都へ行ったら、「抹茶ポップコーン」の売店に行列ができていました。のぞいてみると、そこはもともと老舗の抹茶店だったようです。

最近ブームになっている「ポップコーン」と、自分たちが長年勝負してきた「抹茶」を掛け合わせた。だから成功したのです。これが自分の店に何の関係もない「キャラメルポップコーン」だったら、これほどお客は来なかったでしょう。

ですから掛け算をするときは、まず紙を用意して真ん中に線を引き、片方の欄には自社がすでに持っているリソースを書き出してください。

文房具を扱うメーカーなら、「ボールペン」「はさみ」「カッター」「シール」「消しゴム」といった自社商品を書き出してみます。

そしてもう片方の欄には、世の中の成功パターンを書き出します。

これも、いちから考えようとはしないこと。ビジネス雑誌に掲載されているヒット番付や、流行語大賞の候補から知恵を拝借しましょう。

今なら、「爆買い」「インバウンド」「ドローン」「ラグビー」「北陸新幹線」といったものが出てくるでしょうか。

あとは両方の欄を見て、適当なものを組み合わせます。

「爆買いボールペン」「ラグビーシール」「北陸新幹線消しゴム」……。

どんどん組み合わせていくうちに、ピンと来るものや「コレは面白い！」と思うものがたくさん出てくるはず。掛け算法を使えば、新商品のアイデアを短期間のうちに大量に発想することができます。

23

プレゼン資料や企画書を最短でつくる秘策

「1泊2日法」で速さと品質が両立できる

プレゼン資料や企画書、調査レポートなど、資料をつくる際、その前段階として大量の本や資料を読み込むことがあります。

そのまま続けて資料づくりにとりかかり、一気に仕上げようとする人がいますが、あまり効率的ではありません。

大量の情報をインプットしたら、**その日は資料の骨子をつくるだけにとどめておく。**全体の構成案や目次案をメモするくらいで終わらせましょう。

そして翌朝から資料づくりにとりかかり、頭の回転が速い午前中に一気に仕上げる。

この「1泊2日法」が、資料を最速でつくる方法です。

寝ている間に脳で情報が整理される

なぜ、ひと晩時間を置くことが必要かというと、人間は寝ている間に脳で情報が整理されるからです。

人間の脳では、学習した直後より、睡眠や休息によって一定の時間が経過した後のほうが記憶の定着がよくなる「レミニッセンス」という現象が起こります。

だから目が覚めてみると、前日にインプットした大量の情報と骨子が結びついて、どの情報をどこに組み込めば良い資料になるかがすぐにわかるのです。

これは実際にやってみると実感できると思います。

私の場合も、前日に骨子をつくっている段階では、具体的な資料のイメージはなかなかまとまりません。

ところが**ひと晩ぐっすり寝て、翌朝になって昨日メモした骨子を見ると、「あの情報はここに入れよう」とパッとひらめきます。**

脳の中で自動的に情報と骨子がタグ付けされたからでしょう。

「夜に書いたラブレターは、翌朝読むと恥ずかしい」というのはよく知られた現象ですが、これも時間を置いたことで頭が整理されるからです。すっきりした頭で読むと、「どうしてこんなことを書いたんだ?」と不思議になるわけです。

時間に追われて、徹夜で資料を仕上げたことのある人も多いでしょう。しかし、そうしてできた資料は、しょせん〝夜に書いたラブレター〟です。上司に提出しても、「わかりにくいから、やり直し!」と突き返される可能性が高まります。

そうなれば、せっかく徹夜をしたのに、結局納期は遅れてしまいます。

資料づくりの速さと品質を同時に高めたいなら、「1泊2日法」に勝る方法はありません。

24

上司が一発で納得する資料をつくるには?

上司の欲しい情報がわかる魔法のフレームワーク

提出した資料に上司が納得せず、つくり直しを命じられてしまう。組織で働くビジネスパーソンなら、誰もがそんな経験をしているはずです。

上司が納得しないのは、期待する情報が入っていないからです。

では、あなたの上司はどんな情報を期待しているのでしょうか。

それを知るためのフレームワークが**「DIKW理論」**です。

そもそも資料とは何なのか。

日本語で「資料」と呼ぶものには、次の4つが混在しています。

「Data（データ）」：それ自体は意味のない数字や記号など（例：集計前の統計情報）
「Information（情報）」：データを整理し、解釈や意味を持たせたもの。「who」「where」「what」「when」に答えられるもの（例：統計情報）
「Knowledge（知識）」：情報を体系化し、まとめたもの。「how」に答えられるもの
「Wisdom（知恵）」：価値基準を示したもの。「why」に答えられるもの

これがアメリカのアコフという学者が提唱した「DIKWモデル」と呼ばれるもので、これを組織の階層に当てはめると次のようになります（150ページ図）。

「Data（データ）」：「何がどうなのか？」＝実務レベル＝担当レベル
「Information（情報）」：「どういう意味か？」＝戦術レベル＝管理職レベル
「Knowledge（知識）」：「どう展開すべきか？」＝事業戦略レベル＝事業部長レベル
「Wisdom（知恵）」：「なぜ当社がその事業をするべきか？」＝理念・全社戦略レベ

DIKWモデル（Ackoff,1989年）

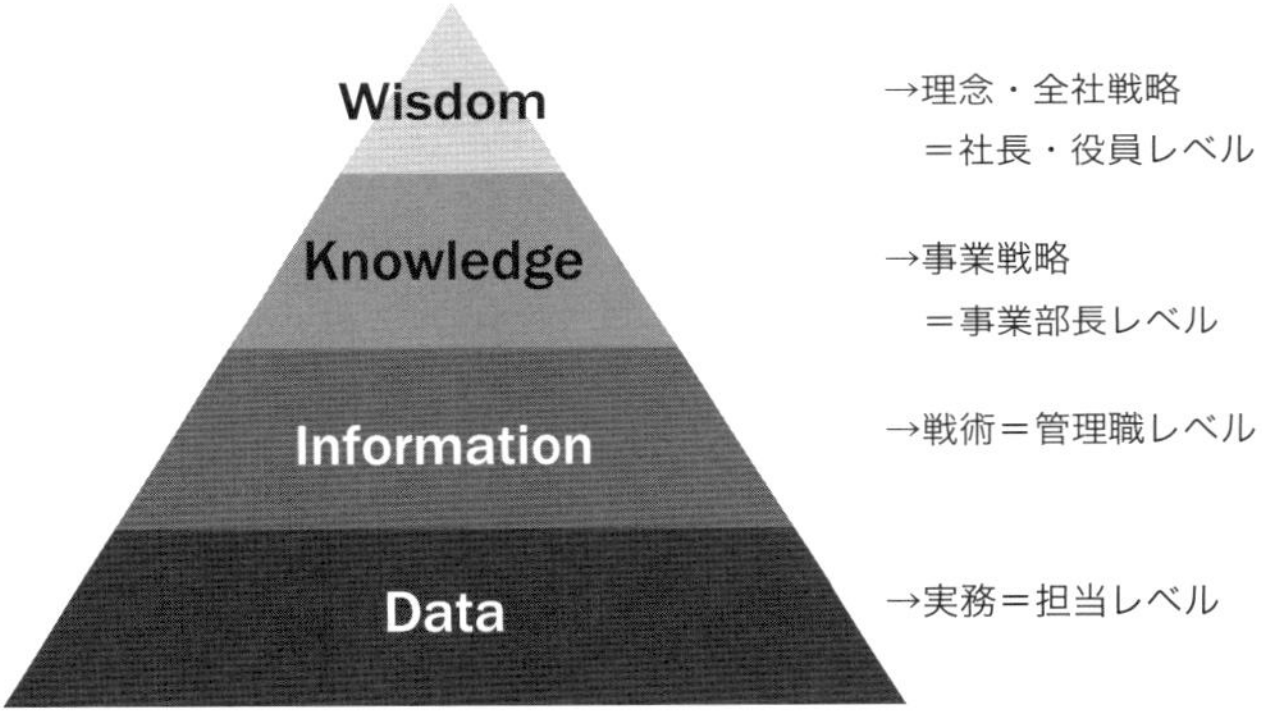

ル＝社長・役員レベル

このように、その人が組織のどの階層にいるかによって、見ている視点は異なります。

ここに、多くの人が資料づくりに悩む理由が隠されているのです。

上から資料づくりを頼まれたとき、現場の担当はデータしか入れないので、情報が欲しい管理職の期待値に応えられない。管理職は情報しか入れないので、知識が欲しい事業部長の期待に応えられない。そして事業部長は知識しか入れないので、社長や取締役の期待に応えられない。

だから結局、上の人は下からあがってくる資料を見るたびに、「何が言いたいのかわからない」「情報が足りていない」といった不満を抱き、何度もつくり直しを命じることになるのです。

「上司と同じ目線」で資料をつくる

裏を返せば、最初から下の人が上の人のニーズを理解し、それに合ったものをつくれば、仕事はスピーディーに進むということです。

売上報告書をつくるとき、「3月の六本木店の売上げ」という「データ」だけを記載しても、管理職である上司の期待には応えられません。

管理職が期待するのは「情報」です。ですから、上司の目線に立てば、「前年度同月比」「近隣10店舗との比較」などを入れる必要があるとわかります。

事業部長に出す報告書なら、それらに加えて「六本木店の売上げを伸ばすための事業戦略」といった「知識」が入っていなければ、事業部長の期待に応えられません。

さらに経営陣に出す報告書なら、「六本木店での事業を継続すべき理由」という「知恵」が入っていなければ、納得してもらえないでしょう。

自分の階層で物事を見るのではなく、常に「上司と同じ目線」で資料をつくれば、上司を一発で納得させることができるのです。

フォーマットを統一する

「上司と同じ目線」の資料づくりを徹底するには、**フォーマットの統一**をおすすめします。それぞれの社員が自分の階層レベルで資料をつくるのではなく、新入社員から社長まで全員が共有できるフォーマットがあればベストでしょう。

それが難しくても、自分のチーム内でフォーマットを統一することは可能なはずです。

上司が必ず入れてほしい要素を部下がもれなく記載するよう、最初から資料の形式を決めておけば、あとは空欄を埋めていくだけで上司が期待する資料が完成します。

誰もが「上司と同じ目線」で資料をつくれば、組織の意思決定は格段に速くなります。そして「なぜやるのか」という結論が出れば、すぐにアクションにつなげられます。

アクションを起こせば、何らかの環境変化が起こり、新たな「データ」を測定できます。それをフィードバックして、「情報↓知識↓知恵」とたどり着き、次のアクションに移せます。

こうして情報のフィードバックサイクルを素早く回すことで、組織はスピード成長していきます。

上司を一発で納得させる資料をつくることは、あなた個人の仕事が速くなるだけでなく、会社全体のビジネスを加速させることにもつながるのです。

25

「Ａ４」１枚のメモで、頭の回転は一気に速くなる

紙にまとめるものはすべてＡ４でつくる

企画書にしろ、プレゼン用の資料にしろ、紙にまとめるものはすべてＡ４でつくることをおすすめします。

Ａ４サイズなら、ひと目で全体を見渡せます。

「この数字とこのデータがつながって、この結論になるのか」と頭の中でいちいちロジックを組み立てなくても、瞬時に全体の構造を把握できるのです。

これがＡ３だと人間の視野より広いので、右を見てから左を見る、というように情報を分割して捉えることになります。

インプットそのものにも時間がかかるし、別々に入って来た情報を組み立てる作業

にも時間をとられるでしょう。

A4サイズなら、ミスもムダも減る

これは資料を渡されたほうにとっても不便ですが、それを見ながら説明をする本人にとっても都合が良くありません。

大きな紙のあちこちに目を動かしながらプレゼンをすると、抜けや漏れが発生しやすくなります。終わった後で、言い忘れに気づくことも増えるでしょう。

言い忘れたことを伝え直すには、手間がかかります。

会議に大勢が出席していたら、全員にメールなどでフォローしなくてはいけなくなり、よけいな時間を費やすことになるのです。

これがA４サイズなら全体が視界に入るので、話しながらチラッと紙を見れば、「ここまで話し終わったな」と瞬時にチェックができる。言い忘れによる二度手間も防げます。

それに大きめの紙を使うと、ついよけいな情報まで入れたくなります。

Ａ４の資料なら５分程度で内容を説明できますが、それ以上のサイズだと、プレゼンの時間も長くなりがちです。

私はプレゼンを受ける側の立場になることも多いのですが、Ａ３の資料をつくる人は、たいてい30分近く話し続けます。話が長くなるほど要点がまとまらず、聞いているほうは理解しにくいケースがほとんどです。

だったら「絶対にこれは伝えたい」という重要な情報だけをＡ４サイズで簡潔にまとめたほうが、プレゼンのクオリティは間違いなく上がります。

情報共有のスピードがアップする

チーム内のちょっとした打ち合わせでも、先にＡ４サイズのメモを配れば、情報共有のスピードは格段にアップします。

最初に必要な情報を渡してしまえば、参加者全員がすぐ全体像を把握できるので、よけいな説明をする時間が省けます。

情報共有のための前置きは最短の時間で済ませ、すぐに議論の本題に入れるのです。

また、英語で交渉や商談をするときも、言いたいことは事前にＡ４のメモにまとめるべきです。

「英語を話す」というだけで、すでに脳の機能は8割がた使われてしまいます。

ですから、日本語で話すとき以上に、抜けや漏れが発生しやすいのです。

英語での言い回しを確認するためにも、「これだけは絶対に伝える」という内容をＡ４にまとめ、それを確認しながら交渉を進めれば失敗がありません。

第2章でお話しした通り、人間の脳の「ワーキングメモリ」は極めて短期的な機能で、一度に覚えられることは限られます。

脳ができることには限界があるからこそ、問題解決やアイデアの発想といった生産性の高い作業に集中して、貴重な機能を使うべきなのです。

単に数字やデータを把握するだけの作業に頭を使うのはもったいない。見ればわかる情報は紙に簡潔にまとめてしまえば、脳はよけいなことに気を取られず、本当に重要な仕事に集中できます。

脳をフル回転させ、最短でアウトプットを出すためにも、Ａ４のメモを効果的に活用してください。

26

問題解決のスピードが上がる「ふせん活用術」

■ふせんに書けば素早く思考を整理できる

紙に書くことで、思考は可視化されます。

たとえば、チームで仕事をする際も、メンバーそれぞれが気づいている問題をふせんに書き出してもらえば、プロジェクトが抱える課題を一挙に網羅できます。口頭で意見を求めても、シャイな日本人はなかなか口を開きませんが、紙に書かせると率直な意見がどんどん出るのです。

それに加えてふせんには、貼ったりはがしたりして、自由に動かせるというメリットがあります。

メンバーが書き出した課題をホワイトボードに貼り出し、全体を見ながらあちこちに動かせば、テーマごとにジャンル分けしたり、優先すべき順に並び替えるのも簡単。構造化がしやすいので、問題解決のスピードを何倍にも高めることができます。

「フィッシュボーンチャート」で問題をスピード解決する

ふせんを使った問題解決をスピード化するために、知っておくと便利なのが、「フィッシュボーンチャート」です。

これは**魚の骨のような図を書き、問題を「大骨」「中骨」「小骨」に分類する手法**です。私がソフトバンク時代に、コールセンターのコスト削減に取り組んだときもこれを使いました。

まずはスタッフ全員を集め、コスト削減のためにできることを思いつく限り、ふせんに書き出してもらいます。

あまりにたくさんの意見が出たので、このままでは収集がつきません。

そこでフィッシュボーンチャートを使い、問題を整理することにしました。

ふせんの中から、比較的大きな要因だと思えるものをピックアップし、「大骨」に貼ります。このときは「コール数を減らす」「処理時間を減らす」を貼りました。

さらに、それぞれの要因と関連しそうなものを選び、「中骨」に貼ります。

「コール数を減らす」→「ＦＡＱを充実させる」「営業マニュアルを見直す」といった具合です。

そして「中骨」に関連しそうな要因を、「小骨」に貼って行きます。

「ＦＡＱを充実させる」→「解説書のトラブル対処法の項目を増やす」「ウェブサイトのＱ＆Ａ機能を使いやすくする」などとなります。

こうして大きな課題を掘り下げていくと、どこに課題が集中しているかが明確になり、解決のためにとるべき具体策もはっきりします。

ものすごくたくさんあるように思えた課題も、「大・中・小」で整理することで、「この課題とこの課題は、結局同じことだよね」といった集約もできます。

その結果、何から優先して着手すべきかが明確になり、問題解決までのスピードを短縮できるのです。

第5章

仕事が速い人のコミュニケーションはココが違う

27

仕事が速い人は、電話をうまく活用する

電話は仕事を瞬殺する最強のツール

コミュニケーションの速度は、メールより電話が圧倒的に速い。

それに異論を唱える人はいないでしょう。

「今日の打ち合わせの時間を来週に変更してほしい」と伝えたいとき、メールでは相手がいつ見てくれるかわかりません。相手が返信をくれるまで、メッセージが伝わったかどうかさえ確認できないのです。

やっと返信が来ても、目的を果たすまでやりとりは続きます。

「来週のいつなら空いていますか?」

「水曜の午後なら空いてます」

「午後の何時なら空いてますか？」

「15時以降なら大丈夫です」


こんなやりとりを何度もしているうちに、どんどん時間は過ぎていきます。

もし途中で相手が席を外してしまったら、最終的なスケジュール変更は翌日や翌々日になってしまう可能性さえあるのです。


しかし、電話なら用事はすぐ済みます。

先ほどの会話なら、1分もかからずに終わるでしょう。

とくに**緊急度や重要度が高い要件ほど、迷わず電話をかけるべき**です。

クレーム対応やトラブル処理といった大きな問題で、当事者同士の意思の疎通が遅れると、解決のタイミングを逃してしまい、事態を悪化させかねません。

そんなことになれば、問題を処理するためにやるべきことがどんどん増えて、仕事が遅くなる一方です。

メールのスピードでは、質疑応答が追いつかない

メールのコミュニケーションには、複雑な内容を伝えにくいというデメリットもあります。

ていねいに説明しようとすれば長文になり、書くほうも読むほうもよけいな時間をとられます。

口頭での会話なら、わからないことがあれば「それはこういうことですか?」とその場で質問できますが、メールは途中で口を挟むことができません。

適切なタイミングでお互いの認識をすり合わせることができないので、誤解や勘違いも生じやすくなります。メールのスピードでは、質疑応答が追いつかないのです。

するとしだいにお互いがイライラして、メールの文面が感情的になっていきます。

「私はそういう意味で言ったのではありません」

「それはあなたの思い込みではないでしょうか」

こんなやりとりが始まったら、もう収集はつかなくなります。

相手の声や雰囲気が伝わらないために、どちらも「相手が悪い」と思い込んで、険悪になっていくだけです。

それで相手との関係が悪化したら、コミュニケーションの意味がありません。

メールの相手が社内の人間にしろ、社外の人間にしろ、一緒に仕事をする仲間であることに変わりはないのですから、協力が得られなくなれば、自分の仕事が遅くなるだけです。

ビジネスのコミュニケーションは、**電話を最優先の手段とする**こと。これは仕事が速くなるための鉄則です。

28

それでもメールが必要な人の高速メール術

大量のメールを短時間で片づける秘策

前項で、「メールよりも電話のほうが、コミュニケーションの速度が圧倒的に速い」ということをお伝えしました。

とはいえ、多くのビジネスパーソンにとって、メールでのコミュニケーションは避けては通れないものでしょう。

毎日、メールボックスには、100通以上のメールが届く。人によっては、何百通を超える方もいるかもしれません。私も、ソフトバンク時代は、何百通というメールを毎日処理していました。

それだけ、メールの処理に悩まされている方は多いことでしょう。

そこで本項では、大量のメールを高速で処理する秘訣についてお話しします。

メールは10秒以内で判断する

メールは、見た瞬間に返すことです。

一度開いたメールを、「下書き保存」してはいけません。そんなことをすれば、また、最初からメールを読み返さなくてはなりません。それでは二度手間になり、よけいに時間がかかってしまいます。

ですので、メールを開いたら、10秒以内に、どのように対応するのかを判断してください。

10秒以内に判断できないということは、**「情報」もしくは「権限」が不足している、**ということです。

その場合は、「メールをどのように返信しようか」と、パソコンの前でうんうん考えるのではなく、次のどちらかのアクションを起こします。

「情報」が足りないようであれば、情報を持っている人にメールを転送して問い合わせするか、電話をかけたり、ミーティングを設定するなりして、必要な情報を取りに行きましょう。

「権限」が足りないようであれば、権限を持っている上司とのミーティングをセットし、承認してもらうように動きます。

とにかく、パソコンを前に、10秒以上考えないことです。

メールは、メールボックスに〝**寝かせて**〟**おいても、価値を生みません。**メールは行動に変わってこそ、価値に変わるのです。

メールは見た瞬間にすぐ返信する。

それを心がけるだけで、仕事は圧倒的に速くなりますし、成果も出やすくなります。

メールも「止めない、ためない、抱え込まないこと」が大事なのです。

1通3分以上、メールに時間をかけてはいけない

実際にメールの文章を書くのは、長くて3分です。

それ以上、時間がかかりそうであれば、電話に切り替えるか、ミーティングの時間を設定しましょう。

メールを書くのに、3分以上かかるということは、それだけ内容が複雑だということです。前項でもお伝えしたように、メールのコミュニケーションは、複雑な内容を伝えるのに、向いていません。

5行以内でシンプルに短く

メールを短い時間で書くコツは、文章をシンプルに短く書くことです。

長くても、5行以内を目安にしてください。5行に収まらない、ということは、それだけ複雑な内容か、メールにムダが多いということです（孫社長のメールは基本、1行！　です）。

たとえば、社内のメールでよくある、「お疲れ様です」や「お元気ですか？」などの儀礼的な挨拶は書かないことです。

もちろん、人間関係を円滑にする上で必要なケースもありますが、それはメールではなく、電話やミーティングなど、直接コミュニケーションを取ることでフォローできます。

5行以内に収まらない。3分以上かかりそう。

そういう複雑なメールは躊躇せず、電話をかけましょう。そのほうが圧倒的な時間の短縮になります。

29

週1のミーティングで仕事は高速化する

毎週集まれば、各自が締め切りを設定できる

個人の仕事も、チーム全体の仕事も、ともにスピードアップする方法があります。
それは毎週1回、メンバー全員を集めた定例会議を開くことです。

全員が同じ場に揃えば、「今週はこれを達成しなくてはいけない」という短期的なゴールを共有できます。

すると各自で逆算し、「だったら、水曜までに売上げの数字をまとめて報告しなくてはいけない」「金曜までにレポートをつくらなくてはいけない」といった**締め切りと優先順位を明確にできます。**

そして1週間、頭と手を休めずに、ゴールへ向かって全速力で走れるのです。

これが2週間に一度では、間が空きすぎます。

「マジックナンバー7」や「スパン・オブ・コントロール」という言葉をご紹介した通り、人間が管理できる数は最大で7つほどです。

だから7日間単位で物事を考えることはできます。

しかし、2週間先のことになるとすぐには考えられないので、「あとで考えよう」となります。そして、そのまま忘れてしまうのです。

かといって、3日に一度では間が短すぎます。

すべての物事を「3日後までにやれ」と言われても、準備する期間が足りません。

1週間単位だからこそ、「必要な情報をインプットし、全体の構成を考え、企画書にまとめる」といったアウトプットのサイクルを回すことができるのです。

定例化すれば、スケジュール調整の手間も不要

また、「毎週月曜日の10時から12時までは定例会議」と決めてしまえば、いちいちスケジュールを調整する手間も省けます。

メンバー全員がその時間を優先して空けておくので、セッティングを任された若手が上司や先輩のスケジュールをいちいち確認し、調整する必要もありません。

月曜の10時になれば、何も言わなくても全員が集まってくる。それが定例会議のメリットです。

出席者が減っていく会議ほど、効率の悪いものはありません。

「今日はAさんが所用で欠席です」

「Bさんはまだ出先から戻れないそうです」

そうなれば、「全員がその場でゴールと情報を共有する」という会議の意味がありません。

何かを決めたくても、「それはAさんしかわかりません」となったら、ゴールを設定することさえできないでしょう。するとその会議の時間がまるまるムダになる上、Aさんが出席できる日時に合わせて、もう一度全員が集まらなくてはいけなくなります。

そうでなくても、結局は誰かが欠席者との連絡役をしなくてはいけません。会議のあとに、「Aさんに今日の会議の内容を伝えておいてよ」と命じられたら、よけいな仕事が増えるだけです。

それに休んだ本人が「自分がいなくても、あとで教えてもらえばいい」と思ってしまうと、次からも簡単に会議を休むようになります。

定例会議を習慣化するには、全員参加でないと会議の意味がないことをリーダーがきちんと説明した上で、毎週その時間は必ず空けておくよう念押ししましょう。

毎回必ずメンバー全員が揃ってこそ、週に一度の定例会議が機能し、仕事が速くなるのだということを忘れないでください。

30

議論を数字で行えば、行動が加速する

数値化すれば、優先順位がハッキリする

数字のない議論ほど、時間をムダにするものはありません。

「新しいシステムを導入したい」と提案するとき、「セキュリティが向上するからです」というだけでは話が進みません。

費用対効果がはっきりせず、それが本当にやるべきことなのか優先順位が判断できないからです。

「当社のセキュリティ対策に関する予算は1億円です。このシステムの導入にはそのうち3000万円を使うことになりますが、自社が持つ10万件の個人情報が暗号化され、万が一ハッキングされても流出するのは300件にとどめることができます」

こうして**数字を示すことで、ようやく議論がスタートします。**

もし数字がなければ、「こんなシステムに3000万円もかけるの？」「セキュリティ向上と言っても、たいしたことないんでしょ」などと、各自が勝手なことを言い出して、議論は収集がつかなくなります。

しかし「予算の30％を投入するだけで、97％の個人情報を保護できる」とわかれば、議論しているメンバーたちも「このシステム導入は優先順位が高い」と判断できます。

意思決定もスピード化され、すぐにシステム導入へ向けて行動に移れるのです。

どんな課題も数字に置き換える努力をする

数字がない議論は、〝神学論争《しんがく》〟のようなものです。

誰が何を信じるか、個人の価値観や好き嫌いでしか判断できなくなります。

人間の価値観はバラバラですから、いくら話し合っても一つにまとまることはありません。議論にムダな時間が費やされる上、結論も出ないため、アウトプットが出せません。

いつまで経っても、仕事が終わらないのです。

「そうは言っても、数字にできないテーマもあるのではないか」

そう思うかもしれません。

しかし、どんな議題でも、数字に置き換える努力はできます。

たとえば「自社の信頼度を回復したい」というテーマも、数字がないままでは議論の方向性さえ掴めません。

ユーザーにアンケート調査をして、自社に対して不満に思っている点を集計する。あるいは一部の店舗で特典付きの一日キャンペーンを実施して、通常の来店客数との差を測定してみる。

こうして何かしらの数字を用意することは可能なはずです。

もちろん、とりあえずの数字ですから、正確ではない場合もあるし、誤差もあるでしょう。しかし、少なくとも数字があれば、比較ができます。

「商品そのものへの不満より、店舗での接客に対する不満のほうが圧倒的に多いんだな。だったら、店舗対応の改善を優先的に着手しよう」

こうして**優先順位がわかれば、具体的な改善策を検討するというアクションに移れます。**

そのアクションに対する満足度を調査すれば、より精度の高い数字が手に入ります。それをもとに、さらに確度の高いアクションへとブラッシュアップしていくことができるでしょう。

何も数字がないまま、「テレビCMを増やせばいいんじゃないか」「いや、商品を値下げすればファンも増えるだろう」などと、ただ思いつきをしゃべっているよりは、よっぽど質の高い議論ができるはずです。

議論の時間を短縮して意思決定を速くし、すぐ行動へ移るには、まず数字ありきだということを頭に置いておきましょう。

31

アウトプットは体言止めで

人を動かすとっておきのテクニック

会議で決まったことを議事録に書くとき、こんな表現を使っていないでしょうか。

「来週の会議までに、Aさんがユーザー調査をする」

そう記録して全員に議事録を配布したにも関わらず、次の会議でもAさんから報告は上がってきません。

本人に確認すると、「はい、調査しました。でもまだ結果はまとめていません」と言います。

「この会議までにやれと言っただろう!」と怒りたくなる気持ちはわかりますが、ここに先ほどの表現の問題点があります。

あの書き方では、相手が「期限内にユーザー調査さえすればいい」と解釈することができます。こちらとしては「結果を報告書にまとめるのは当たり前だろう」と思っても、相手は自分に都合の良いように捉える可能性があるのです。

それを避けるには、動詞形を使わず、「体言止め」で記録することをすすめます。**「納期」「担当者」「アウトプット」の欄をつくり、すべて名詞形で記入する**のです。

・「納期→5月10日（次回会議）」
・「担当者→Aさん」
・「アウトプット→ユーザー調査報告書」

これでAさんは、必ず次の会議までに報告書を作成するしかなくなります。

動詞形だとあいまいに伝わってしまうアウトプットのイメージも、名詞形なら明確になります。

体言止めを使えば、相手の逃げ道や言い訳を防ぐことができるのです。

口頭での指示も「名詞形」で明確に伝える

その意味でも、やはり資料はフォーマット化すべきです。

議事録にしろ、報告書や仕様書にしろ、必要な情報をすべて体言止めで記入できるような書式をつくり、それを全員が使うようにします。

こうすれば、あいまいな表現や記入漏れがなくなるでしょう。

議事録だけでなく、普段のコミュニケーションでも、意識して名詞形を使えば納期遅れを避けることができます。

「水曜までに、新サービスの販促企画を考えて」

これでは「はい、アイデアは考えましたが、まだ紙に整理していません」と言われてしまうかもしれません。

「水曜までに『新サービスの販促に関する企画書』を提出してください」

こうして出すべきアウトプットを名詞形で明確に伝える習慣をつけましょう。

どんな仕事も、一人で完結することはありません。

誰か一人の仕事が遅れれば、それを引き継ぐ人の仕事も遅れます。

仕事の流れがどこか一カ所でも止まると、その後ろにいる人はただ待つことになります。さらにその後ろの人も、その後ろの人も待つことになります。

一人の仕事が遅れれば、関わる人たち全員の仕事が遅れると思っていいでしょう。

高速道路で玉突き事故が発生することがありますが、これも車の流れがどこかで断たれることが原因です。

一台が衝突したことで、後続の車も次々と衝突して大事故になってしまう。納期間際になって火を吹くプロジェクトは、まさにこれと同じ状況です。

一緒に仕事をするメンバーの仕事の遅れは、必ず自分に返ってきます。だから誰かがどこかで仕事を止めないよう、お互いが心がけることが必要なのです。

その手段の一つが、体言止めによるコミュニケーションです。

書面でも口頭でも、アウトプットは体言止めで伝えることを習慣づけてください。

32

10秒でOKが出る報告の技術

結論が先なら、長い説明は必要ない

孫社長に報告した人は全員、こう言われた経験があるはずです。

「結論から話せ！」

もちろん私も、何度も怒られました。

状況説明から入ろうものなら、それこそ10秒で遮《さえぎ》られます。

「お前は何を言いたいのかわからない。俺は結論が欲しいんだ」

しかし今なら、孫社長の指摘はもっともだと理解できます。

結論から話すことは、報連相の時間を短くするための鉄則であり、ビジネスパーソンにとって必須のスキルです。

コミュニケーションの速度を上げるためにも、報告の質を高めるためにも、誰もが身につけるべき技術と言えるでしょう。

あなたが報告をする相手も、たいていの場合は上司でしょう。つまり、自分より経験や実績が豊富で、仕事の相場観も身についた人物のはずです。

上司は適切な判断を下せるだけの思考のフレームワークをすでに持っています。ですから、先に結論をあてはめてしまえば、あとは必要最小限の情報で論理を組み立てることが可能です。

報告の途中で「この情報が足りないな」という判断もできるので、こちらがすべてを話す前に、上司から的確な質問をして、必要な情報だけをピックアップすることもできます。

こちらが手持ちの情報をすべて伝えなくても、最小限の説明で判断を下せるのです。だから報告で大事なのは、何を置いても「結論」です。

結論とは「次は何をやるべきか」を示すこと

ところが報告の際に、そもそも結論を用意していない人が少なくありません。

「え〜、今月の関東地方の売上げは前月比110%で、東北地方の売上げは前月比90%で……」

こうして事実を読み上げることが「報告」だと思っている人も多いようです。

しかしこれは、単なる数字の羅列に過ぎません。

これらの数字が意味するのは、「今月も好調です」なのか、「今月は不調です」なのか。もし不調だとしたら、何が原因なのか。そして、不調を回復するには、どんなアクションが必要なのか。

ここまで情報を整理して、「次は何をやるべきか」という行動に落とし込んだときに、初めて自分なりの「結論」が出せます。

この**「次はどうすべきか」という結論こそ、上司が知りたいこと**なのです。

第4章で紹介した「ＤＩＫＷ理論」を思い出してください。

単なる数字は「Data（データ）」です。

報告の相手が管理職クラスなら、せめて「その数字がどういう意味か」を自分なりに解釈した「Information（情報）」を持っていくべきです。

もし報告の相手が事業部長クラスなら、「この情報をもとに、事業をどう展開すべきか」を示す「Knowledge（知識）」を結論として持っていきましょう。

こうして上司のフレームワークに当てはめて、相手が期待する結論を持っていけば、報告の時間は最小限で済みます。

その上、上司の意思決定も速くなり、「上司がなかなか決めてくれないから、自分も動けない」という事態も回避できます。

結論から話せば、次のアクションへ移るスピードまで速くなるのです。

33

説明するときは理由を3つ考える

根拠を3つ示せば、相手はすぐに納得する

まず結論から話し、次に根拠を説明する。

これが報告の基本形です。

プレゼンや商談でも、これが最もわかりやすい流れです。

仕事が速い人は、「根拠」を3つにまとめます。

孫社長も、根拠は3つ用意することを要求していました。

プレゼンの達人と言われたスティーブ・ジョブズも、「理由は3つあります」というフレーズをスピーチで頻繁に使っていました。

3つという数字が最も説得力があり、かつ簡潔にわかりやすく伝えられることを、

仕事が速い人たちは経験から知っているのでしょう。

根拠が一つでは、さすがに情報が少なすぎます。しかし、あまりに数が多くても、説明が長くなりすぎて、聞いているほうは内容を覚えきれません。

3つなら、聞いた相手も記憶できるので、「一つめについて、質問していいですか？」といった質疑応答がしやすくなります。

プレゼンの資料にまとめたときも、3つなら一度に頭に入るし、相手も話の全体像を理解しやすくなります。

その結果、こちらが説明に時間をかけなくても、相手が結論を出せます。

だからコミュニケーションのスピードがアップするのです。

3つで言い切れば、人を動かして迅速に成果を出せる

ソフトバンクのプレゼンでも、〝3〟という数字をよく使います。

最近開かれたイベントの資料を見ると、自社の戦略についてこのようにまとめられていました。

「成長戦略のカギは『IoT』『AI』『スマートロボット』です」

「情報武装のカギは『スマホ』『タブレット』『クラウド』です」

3つで言い切るので、イベントに出席した人の頭にもキーワードが鮮明に残ります。

そして「そういえば、ソフトバンクの戦略の一つに『AI』があったな。だったら、うちが技術協力して、何かビジネスができるんじゃないか」と考えてくれる可能性が高まります。

複雑にせず、シンプルに3つで説明すれば、それを見聞きした人の行動にもつながりやすいのです。

仕事は、行動に移さなければアウトプットが出せません。

いくら熱心に話しても、プレゼンを聞いた相手が「こんな情報もあるんだな」と思うだけで、何も印象に残らなかったら意味がないのです。

第6章

情報収集のスピードが速くなれば、仕事はグンと加速する

34

情報収集のスピードが遅い人は、仕事も絶望的に遅い

情報を速く集めれば、スタートダッシュが切れる

仕事が速くなるためには、必要な「情報」を揃えることが重要である。

そのことは繰り返し話してきました。

しかし、情報を揃える作業そのものに時間がかかっては本末転倒です。

できるだけ速く情報を揃えなければ、早く決めて早く始めることができません。次のアクションに移るのが遅くなり、ゴールへの到達時間が後ろへ延びる一方です。

つまり、情報収集のスピードが遅い人は、仕事も絶望的に遅いということです。

仕事が速くなるには、いかに情報を速く集め、スタートダッシュを切れるかがカギになります。

一度にたくさん試してみて、情報を集める

たとえば新規事業を始める場合、ソフトバンクではどのように情報収集をするか。

それは**「一度やってみて、フィードバックを得る」**というやり方です。

一度やってみれば、ユーザーや市場から何らかの反応やデータが得られる。それが有益な情報となり、より成功確率の高い事業を生み出していけるのです。

「同じことはうちの会社でもやってるよ」という人もいるかもしれません。

しかしソフトバンクが回すＰＤＣＡサイクルが一般的な会社と違うのは、「一度にたくさんやってみる」という点です。

たとえば、ＡＤＳＬ事業を始めるにあたり、営業手法を検討したときもそうでした。候補に挙がった「テレマーケティング」「ウェブマーケティング」「代理店販売」「訪問販売」のすべてを一気にやってみたのです。

普通なら「まずテレマーケティングをやってみて、あまり効果がなければウェブマーケティングもやってみよう」といったように、1つか2つずつやってみるところでしょう。

それでは、1つにつき3カ月ずつやってみたとしても、すべてを試し終えるのは1年後になってしまいます。

情報を揃えた頃には、他の会社が先に同じ事業を始めてしまうかもしれないし、市場の環境も変わっているでしょう。新規事業を始めたくても、もはや手遅れになっているかもしれません。

でも、すべてを同時にやってしまえば、4分の1の時間で情報が揃います。3カ月後には、どの営業手法にするか決めて、次のアクションへ移れるのです。

それに全部やってみれば、早い段階でビジネスの全体像を把握できます。

いっせいにスタートすれば、得られる情報が何倍にも増える

一つ一つやっても、かかる手間は結局同じです。だったら**いっせいにスタートしたほうが、得られる情報は何倍にも増える**のです。

それぞれの規模は小さくていいから、一度にたくさんやってみて、リアルタイムでフィードバックを得る。それが情報収集を速くする秘訣です。

一度にできるだけ多く試行錯誤すれば、仕事の速さと品質の両方を高めることができるのです。

35

上質な情報を一気に集める秘策

とびきり新鮮な情報は人からしか来ない

仕事において大事なのは、生きた情報を収集することです。

古い情報や比較検討がなされていない精度の低い情報は、いくら集めても役に立ちません。

ソフトバンクが実践しているように、「一度やってみて、フィードバックを得る」というのも、市場やユーザーの〝生の声〟を聞く方法の一つです。

でも、今すぐ生きた情報を手に入れたいときはどうすればいいでしょうか。

答えは簡単。人に会って話を聞けばいいのです。

しかも面識のない人や、普段めったに会わない人にこそ、会いに行くべきです。

自分にとって有益な生きた情報は、いつも属しているネットワークの外にあることが多いからです。

プロに聞くのが最速の情報収集術

特定の分野の最新情報は、その道の**プロに聞くのが最も速い**方法です。

孫社長も知りたいことがあれば、自分より知恵を持った人に会います。

投資情報について知りたければ、投資銀行の人に会ってレクチャーを受けます。財務について知りたければ、アナリストや大学教授に会って話を聞きます。

私も孫社長と一緒に、経営理論や財務理論について専門家から話を聞いたことが何度もありました。

その多くは、それまで面識のなかった人や、名前を知っている程度の弱いつながりの人たちです。

それでも、「このテーマはあの人が詳しいらしい」と聞けば、迷わずアポをとりました。

「孫社長みたいな有名人だから、会ってくれるんでしょ？」と思うかもしれません。しかし孫社長だけでなく、私も他のソフトバンク社員も、知りたいことがあればすぐ専門家に会いに行くのが習慣になっていました。

知りたいテーマに関する本や論文の著者の連絡先を調べ、電話やメールで会いたいと伝えるのです。

当時の私はまだ若手ですし、ソフトバンクも今ほどの大企業ではなかったので、こちらの名前を出したところで、何の威力もありません。

それでも、不思議と断られることはありませんでした。

自分が専門とすることや、研究しているテーマについて聞かれることを嫌がる人は、ほとんどいないということでしょう。

むしろ私たちと話をすることで、自分が持つ情報が実際のビジネスにどう役立つのか確かめてみたいという気持ちも強いらしく、大半の人がこころよく時間をつくってくれました。

「弱いつながり」の人ほど、役立つ情報を持っている

「でも、よく知らない人に会うのは億劫で……」

そう考える人も少なくないでしょう。

しかし、普段あまり顔を合わせない人こそ、会いに行く価値があるのです。

めったに会わない人は、自分たちにない情報を必ず持っています。所属する世界が違えば、入ってくる情報も変わるからです。

有益な情報は、普段会わない人からもたらされる。それを証明する実験結果もあります。

これはアメリカの社会学者によるもので、「就職先を探す際に、誰のコネが役に立っ

たか」を調査しました。

すると、調査対象の84％が「めったに会わない人のコネで就職できた」と答えたのです。ちなみに「よく会う人のコネで就職できた」と答えたのは16％でした。

これは「弱い絆理論」として、ネットワーク理論の世界ではよく知られています。社会的なつながりが強い人より、弱い人のほうが重要な役割を果たす。それは学術的にも証明されているのです。

同じ会社の人と3回お酒を飲みに行くなら、**最近会っていない人を誘って1回ランチをしたほうが、得られる情報は数倍多くなります。**

上質な情報を、短時間で一気に集められるのです。

質問できるだけの予備知識を仕入れておく

ただし、一つだけ注意点があります。

それは、適切な質問ができるだけの予備知識を仕入れていくことです。

せっかく貴重な情報を持っている人に会っても、こちらが良い質問をしなければ、自分が本当に知りたい情報は引き出せません。そしてまったくの無知では、良い質問をすることは不可能です。

時間をかけずに最低限の予備知識を仕入れるには、紙の本を読むのがベストな方法です。その理由と、高速で本を読むコツについては、次の項目で説明します。

36

超高速スピードで本1冊をモノにするには？

紙の本なら、目当ての情報だけを即座にインプットできる

物事の全体像を把握したいときは、紙の本を読むのが一番です。

その理由は、一覧性があること。

紙の本なら、まず目次を見て、パラパラと全体を斜め読みすれば、どこに何が書かれている本なのか、だいたい把握できます。

一瞬で全体の構造を掴めるのです。

そのとき、**自分にとって必要だと思う箇所にふせんを貼っていきます。**ここまでやっても、1冊につき30分はかからないでしょう。

あとは、ふせんの箇所だけをじっくり読み込めばＯＫ。必要な情報だけ取り出せる

ので、最低限の時間しかかかりません。

何も1冊の本を最初から最後まで読む必要はないのです。

これが電子書籍だと、全体を流し読みすることができません。

1枚1枚ページをめくるしかないので、ざっと目を通すだけで時間がかかります。ページごとの細切れでしか情報が入ってこないので、頭の中で構造化するのも難しいはずです。

プライベートで小説などを読むなら、電子書籍でいいでしょう。

しかし、ビジネスパーソンが仕事のために特定のテーマを体系的に把握し、仮説を立てるという目的のために読むなら、やはり紙の本に軍配が上がります。

情報収集ツールとしてはインターネットもありますが、こちらは情報量が膨大すぎて、何が全体像なのかさえ掴みにくいのがデメリットです。

一つのことを調べるのに、どんどんリンクをたどっていったら、ずるずるとどこまでも読まなくてはいけなくなります。

情報収集は、それ自体が目的ではなく、あくまで仕事でゴールを達成するために行うものです。

何時間もインターネットを眺めては、「ＩＴ業界のことなら何でも知っている」など情報通を気取っている割には、企画書１枚出さない人はたくさんいます。

情報があっても、それがアウトプットにつながらないのでは意味がありません。

情報量は多ければいいわけではなく、目的のために必要なものさえ入手できればいいのです。

それを考えると、紙の本に勝る情報収集のツールはないと言えるでしょう。

まずは大規模書店で本に目を通す

本を購入するときは、まずは、リアルの大規模書店へ足を運ぶことをおすすめします。インターネット書店では、自分にとって必要な本かどうかが判別できません。他人の評価が高くても、自分に役立つかどうかはわからないからです。

有益な本を選ぶには、やはり実際に手に取り、軽く目を通してみる必要があります。

大規模書店なら、ジャンルごとに棚が分かれているので、自分が知りたいテーマにすぐ行き着けます。

あとは、その**棚に並んでいる全部の本に、ざっと目を通してみましょう。**

全部といっても、たいていは棚二段とか三段程度ですから、それほど大変ではありません。時間が限られるなら、目次だけ読み比べてもいいかもしれません。

とはいえ、やはり本を選ぶには、ある程度の時間をかけたほうがいいでしょう。

私も一つのテーマについて深く知りたいときは、いつも1時間ほどかけて本を選びます。

少し大変なように感じるかもしれませんが、ここは少し時間をかけてでも、自分の目的にぴったり合う本を選ぶことを優先してください。

そうすれば、その後の情報収集にかかる時間は大幅に短縮されます。

結果的には最短スピードで、本の中身を自分のものにできるのです。

新聞・雑誌で、高速インプットする技法

大量の情報に触れ、「相場観」を養う

新聞や雑誌をインプットに使うなら、ただ何となく読んでいるだけでは頭に何も残りません。

新聞で興味のある記事を見つけたら、今度はそれをインターネットで検索してみましょう。

「人工知能を搭載した小型ロボットを一般家庭向けに発売」という記事だったら、商品名や企業名で検索すれば、関連ニュースがヒットします。

そこから他社のロボット製品のプレスリリースや、ロボット市場の現状、人工知能の最新研究データといった関連情報へと読み進めていくことができるでしょう。

インターネットは一覧性に欠ける反面、ある特定のテーマやジャンルを詳しく掘り下げていくには適しています。

あるいは、「外国でテロ事件が発生した」という新聞記事が目に留まったら、インターネットで検索すると、海外の新聞や通信社が発信するニュースを見つけることができます。

日本のマスコミが報じている内容と、海外のメディアが報じている内容を読み比べれば、同じニュースを異なる角度で捉えることができます。こうして世界中の情報に簡単にアクセスできるのもインターネットのメリットです。

このように、**新聞や雑誌にインターネット検索を組み合わせれば、自分にとって役立つ情報をスピーディーに掘り下げることができます。**

新聞で、ビジネスパーソンとしての基礎体力を養う

新聞を何紙も読むようすすめる人もいますが、私は1紙でじゅうぶんだと思っています。それでなくてもビジネスパーソンは忙しく、新聞を読むのに時間をかけてはいられません。

ただし、社会に出て間もない20代の若手なら、複数の新聞を読む意味はあると思います。

たくさんの情報に触れることで、世の中の仕組みがひと通り理解できて、**相場観が養われる**からです。

いわば「ビジネスパーソンとしての基礎体力づくり」といったところでしょうか。

私は20代前半の頃、毎日32紙の新聞を読んでいました。

というのも、所属していたのが三菱地所の広報部だったからです。

すべての新聞に目を通し、自社のビジネスに関連がありそうな記事を整理するのが私に与えられた仕事でした。

新聞だけでなく、会社に届く大量の雑誌もすべて読んでいました。

当時は仕事だから読んでいただけですが、今思えば、あれが私の基礎体力を高めてくれたのは間違いありません。

あらゆる情報に触れておくと、自分の中にいくつもの情報の引き出しみたいなものができます。「IT業界」の情報ならここ、「アメリカ経済」の情報ならここ、といった枠ができていくイメージです。

この枠がたくさんできると、大量の情報に触れたときも、「この新聞記事は『IT業界』の引き出しに入るな」などと判断できるようになります。

いわば、頭の中で情報のタグ付けをしているようなものです。

すると、仕事で本当に必要な情報を収集しなければいけなくなったときも、入ってくる情報を瞬時に分類し、自分にとって必要かどうかを判断できます。

タグ付け機能によって、即座に情報の取捨選択ができるのです。

また、相場観が養われたことで、ソフトバンクに転職後も「来週の孫社長の記者会見は、新聞では三段記事の扱いになるだろう」などと予測できるようになりました。

見出しもだいたい予想がつくようになり、自分がプレスリリースをつくるときに「こんな見出しならインパクトが出るはずだ」と工夫できるようにもなりました。

これもやはり、新人時代に大量の新聞や雑誌に触れて、基礎体力をつけたおかげでしょう。

それが、仕事の速さを高めることにつながるのです。

38

なぜ私は、1年で英語をマスターできたのか？

1日3時間の勉強も、「1年間」の期限つきなら頑張れる

英語や資格試験の勉強をしているビジネスパーソンは多いと思います。

しかし実際は、なかなかモチベーションが続かない人も多いのではないでしょうか。

その壁を克服するために一番良い方法は、**「短期間のゴールを設定する」**です。

人間は長時間集中して頑張ることはできません。それはこれまでに何度も、人間の脳の力には限界があると話してきた通りです。

「3年間勉強すれば、英語を話せるようになります」

そう言われても、「3年もかかるのか……」とうんざりする人がほとんどでしょう。

しかし「1年間で英語がマスターできる」と言われたらどうでしょうか。

「1年なら、何とか頑張れそうだ」

そう思うのではないでしょうか。

人間はモチベーションが続きにくいからこそ、短期で決着をつけるつもりで学習計画を立てること。それが忙しいビジネスパーソンにとって、挫折せずに勉強を続ける秘訣です。

ゴールが決まれば、やることが決まる

「1年で英語をマスターする」

こうして短期のゴールを決めたら、そこから逆算して、「1カ月／1週間／1日」ごとにやるべきことも決まります。

これは仕事のスケジュールを組むのとまったく同じです。

英語や資格学習の場合、「どれくらい勉強すればいいか」という時間の目安が研究

や調査によって明らかになっています。

英語の場合、〝日本語脳〟から〝英語脳〟に切り替えるには、1000時間のトレーニングが必要とされています。ファイナンシャルプランナー1級なら600時間、日商簿記1級なら800時間です。

「1000時間」と聞くと膨大な時間に思えますが、1年を約50週とすると、1週間で約20時間、1日あたり約3時間の勉強をすればいい計算になります。

これも「1日3時間」と聞くと大変そうに思えますが、「1年間続ければ英語がマスターできる」という条件つきです。

もし「大変そうだから、1日1時間にしよう」と考えると、1000時間に到達するまでに3年間かかってしまいます。最初はラクでも、必ず途中で飽きたり、疲れたりして、続けられなくなるでしょう。

勉強も仕事と同じで、スタートダッシュの力を利用するに限ります。

最速で走り出し、そのままトップスピードに乗って、ゴールまで駆け抜ける。それには、ゴールまでの距離が長くてはダメなのです。

短期間だから高い集中力を維持したまま、最速でゴールを目指せる。だからこそ、ゴール設定は短期間であることが必須です。

他人の力を借りれば、最速でゴールに到達できる

そしてもう一つ、モチベーションを維持する方法があります。

それは、仲間をつくることです。

一人で勉強していると、途中でやめても誰も文句は言いません。

しかし、一緒に勉強する仲間がいれば、「自分だけが途中で脱落したら格好悪い」という意識が働きます。

だから挫折せず、頑張れるのです。

また、**お互いにわからないところを教え合うことで、学習効率が高まる**というメリットもあります。他人に教えるには、自分もしっかりと理解していないと説明できない

からです。

これは「ラーニング・バイ・ティーチング」という学習法としても確立されていて、私の会社が運営する子ども向け英会話学校でも取り入れています。

ネイティブの先生が子どもに教えたことを、今度は子どもがロボットの「Pepper」に教えるのですが、どの子も真剣かつイキイキとしています。

他人からインプットした情報を、他の人にもわかりやすく伝えなくてはいけない。それを前提にすると、理解するスピードが圧倒的に速くなります。

余談ですが、2014年に行われたブラジルの全国数学オリンピックで、15歳の3つ子が3人揃って金メダルを獲得し、話題になりました。

彼女たちの家はとても貧しいのですが、3人はいつも一緒に勉強し、お互いに教え合いながら、数学の能力を高めてきたそうです。

これも「ラーニング・バイ・ティーチング」の効果を示すエピソードと言えるでしょう。

1年で英語をマスターする方法

私自身、1年間の勉強で英語をマスターした実績があります。

ソフトバンクに転職後、孫社長の海外出張に同行したり、外国人との交渉を任されるようになったためです。

しかし当時の私は、英語は聞くのも話すのもまったくダメ。完全にゼロからのスタートでした。

しかし仕事は待ってくれないので、ゴールを最短の1年後に設定したのです。

そして最も効果の高い学習法だったのが、出社前に通っていた英語学校でした。

平日は毎日欠かさず、7時半から8時半のグループレッスンを受講しました。

このときのメンバーは私の他に6名いましたが、彼らの存在は勉強を続ける上で大きなモチベーションになりました。

それぞれが「海外留学したい」「外資系企業に転職したい」といった明確な意志を持っ

ていたので、私も絶対に負けられないという気持ちになったものです。

おそらく他の6名も同じ気持ちだったのでしょう。

1年後には、全員が仕事で必要なレベルの英語を話せるようになっていました。これも互いに切磋琢磨し合ったからです。

現在私の英語学習プログラム〝TORAIZ（トライズ）〟を受講している生徒さんたちも、出社前にカフェに集まって1時間の勉強会をしています。

私たちがすすめたわけではありませんが、「仲間がいれば、もっとやる気が出るはず」と考えた生徒さんたちが自発的に始めたそうです。

勉強仲間をつくるのも、いわば「他人の力を借りる」手段の一つです。

仕事が速くなるための技術は、勉強にもそのまま応用できるのです。

39

高速学習を可能にする秘訣

スキマ時間を駆使し、勉強を習慣化する

私が英語を勉強したときは、好きな映画を教材として使い、すべての台詞を暗記するまで繰り返し聞きました。

当時は音声をテープに録音し、通勤電車内で聞いていましたが、今ならＤＶＤをスマートフォンに転送するソフトがあります。映像を見て楽しみながら、ヒアリングのトレーニングができるでしょう。

反対に、あまりおすすめしないのが、英語学習アプリを使うことです。

もちろん、そのアプリが目的に合ったものならまったく問題ありません。どんどん活用すればいいと思います。

しかし、「通勤時間といえば、アプリだよね」といった短絡的な考えで学習教材を選ぶのは避けるべきです。

「私は金融業界で働いているから、銀行が舞台の映画を見て勉強する」

「外国企業との交渉が多いから、ネゴシエーションの文例に特化したテキストで勉強する」

このように、自分が目指すゴールへ最短で到達できる教材を使ってこそ、スピード学習が可能になります。

せっかく貴重な通勤時間を使うのですから、学習教材も徹底した目的志向で選びましょう。

短くてもいいので、毎日学習を積み重ねる

ちなみに、「平日は忙しいから、土日にまとめて勉強しよう」というのも、おすす

めしません。

何度も言っている通り、人間の集中力は長く続かないからです。どうしても仕事が忙しく、1日3時間のノルマを達成できなかったときに、調整日として週末を使うなら構わないでしょう。

しかし、毎週末だけ勉強し、5日間空けてまた勉強するというサイクルでは、学んだことが脳に定着しません。

人間が記憶したことは、学習から1週間後には77%を忘れてしまうという実験結果があります。

しかも、学習したことを1日後に復習すれば、記憶が短時間でよみがえるのに対し、1週間以上が経過した後では、復習しても完全には復活しないそうです。

ですので、**1回当たりの学習時間は短くてもいいので、間を空けずに毎日学習を積み重ねるのが、最も効率的**だということです。

習慣化すると、学習への負担感が減る

それに習慣化すると、学習への負担感が減ります。

たまにジョギングをすると体力がついていかずヘトヘトになりますが、毎日走る習慣をつければ、身体が鍛えられてラクに走れるようになるのと同じです。

スポーツでも勉強でも、習慣化するからこそ、全速力でゴールを達成できるだけの体力がつくのです。

【著者紹介】

三木 雄信（みき・たけのぶ）

1972年、福岡県生まれ。東京大学経済学部卒業。三菱地所㈱を経てソフトバンク㈱に入社。ソフトバンク社長室長に就任。孫正義氏のもとで、マイクロソフトとのジョイントベンチャーや、ナスダック・ジャパン、日本債券信用銀行（現・あおぞら銀行）買収、およびソフトバンクの通信事業参入のベースとなった、ブロードバンド事業のプロジェクトマネジャーとして活躍。

2006年に独立後、ラーニング・テクノロジー企業「トライオン株式会社」を設立。1年で“使える英語”をマスターする「One Year English プログラム」“TORAIZ”を運営し、高い注目を集めている。自社経営のかたわら、東証一部やマザーズ公開企業のほか、未公開企業の社外取締役・監査役などを多数兼任。プロジェクト・マネジメントや資料作成、英語活用など、ビジネス・コミュニケーション力向上を通して、企業の成長を支援している。多数のプロジェクトを同時に手がけながらも、ソフトバンク時代に培った「仕事が速くなる技術」を駆使し、現在は社員とともに、ほぼ毎日「残業ゼロ」。高い生産性と圧倒的なスピードで仕事をこなし、ビジネスとプライベートの両方を充実させることに成功している。

著書には、『なぜあの人は中学英語で世界のトップを説得できるのか――孫正義の Yes と言わせる技術』（祥伝社）、『海外経験ゼロでも仕事が忙しくても「英語は1年」でマスターできる』（PHP研究所）、『世界のトップを10秒で納得させる資料の法則』（東洋経済新報社）など多数。

編集協力：塚田 有香
ブックデザイン：中西 啓一（panix）
図版：李 佳珍

頭がいい人の 仕事が速くなる技術

2016年 5月26日　第1刷発行
2016年 6月11日　第2刷発行

著　者　三木　雄信
発行者　八谷　智範
発行所　株式会社すばる舎リンケージ
〒170-0013　東京都豊島区東池袋3-9-7　東池袋織本ビル1階
TEL 03-6907-7827　FAX 03-6907-7877
http://www.subarusya-linkage.jp/
発売元　株式会社すばる舎
〒170-0013　東京都豊島区東池袋3-9-7　東池袋織本ビル
TEL 03-3981-8651（代表）　03-3981-0767（営業部直通）
振替 00140-7-116563
http://www.subarusya.jp/
印　刷　ベクトル印刷株式会社

落丁・乱丁本はお取り替えいたします

ISBN978-4-7991-0483-5